U0058154

解讀九年一貫教育

張凱元　著

〈作者簡介〉

張凱元

學歷：美國田納西大學教育心理學博士

經歷：世界新聞專科學校校長

　　　銘傳大學教授

　　　玄奘大學籌備處主任

　　　玄奘大學校長

現任：玄奘大學應用心理學系教授

著作：《佛洛伊德心理學及其在教育上的應用》（問學出版社）

　　　《從艾瑞克森理論研究我國大學生人格發展在近十二年間
　　　之變動傾向》（正昇教育科學社）

　　　《人本主義教育的理念與實踐》（心理出版社）

Ⅱ　解讀九年一貫教育

〈楊序〉

　　教育改革是一件大事。推動起來盤根錯節，影響到我們國家每一位國民的基本權利與福祉；是一件千頭萬緒，而又非做不可的浩大工程。借用蔣故總統經國先生當年對十大建設的一句名言，便是：「今天不做，明天就後悔」。現在十大建設早已先後底成，奠定了我國經濟起飛的基石，為台灣近年來社會的繁榮作出最有力的見證；而教育改革迄今已逾十年，卻仍然紛紛擾擾，近時間，似還看不出有塵埃落定的跡象。

　　但教改還是得走下去，這一方面是現代潮流所趨，另一方面教育本來就屬一種永續性的事業，一時之間難以立竿見影。事實上，依媒體多次調查，絕大多數民意仍然認為我們教改的大方向並無錯誤；目前社會上的批評雖多，毋寧說是一種愛之深、責之切的表現。隨著教改議題的甚囂塵上，最近有關的著作亦大為時興熱門。教改若因此而帶動了對教育本質更深入研究的風氣，應也是很有意義的收穫。

　　老朋友張凱元教授經年投身於教改研究，接到他的電話邀請，要我為他的新著《解讀九年一貫教育》作序，我當即同意，並請他盡速將書稿電傳給我。在仔細捧讀之後，對於張教授能將教改的核心──九年一貫教育，作了如此完整而清晰的描繪，把很多艱深的學術名詞，化為生活上平易的概念，深以為是在同類書籍中，一本很夠水準的著作。

　　本書由教改的緣起開始，接著以九年一貫教育的課程與教學兩大重點為主作了詳細的討論，然後再剖述九年一貫仍然是我們國民基礎教育

應努力方向的理由。邏輯層次分明,十分具說服力。在書中,張教授對教改及九年一貫教育當然有不少中肯的批判,但可以讀到的卻仍是更多對教育前景的衷心期盼。本書有關理論與實務的資料都相當充分,不但可為不少人解開教改及九年一貫上不明白的疑慮,而且在了解其中意義之後,或更可以也成為一位願意積極參與或支持我們未來教育的夥伴同志。有幸先睹為快,期盼張教授新作注入的教改動能,能開創教育嶄新的願景。

楊朝祥 謹識

〈自序〉

在二十及二十一世紀之交，我國推動了劃世紀的教育改革工程，其目的在於因應現代急遽變動的世界。教改的主軸在於國民中小學的九年義務教育部分，亦即現在我們所稱的九年一貫教育。九年一貫教育改革的重點有二：

一、舊時國中及國小課程之編輯，分屬兩個課程委員會辦理，各行其是。於是發生兩階段產生課程重疊過多，或者嚴重脫節的弊病，亟須把兩個課程委員會合併成為一個課程委員會，以使國中及國小課程不至於有所隔閡，而能夠收到九年順暢一貫的學習效果。

二、在處理課程委員會的同時，依照民國八十五年剛公布的行政院教育改革審議委員會總諮議報告書上的建議，為配合現代科技發展、知識爆炸、民權高漲的形勢，應考慮我國基礎教育亦必須能符合時代要求，亦即應擬訂出一套更能表現出人性化、現代化及效率化的課程指標，以為國中小學編定課程時可以遵循。

第一項要做到的困難不大，兩個委員會合併為一，並沒有多少爭議。但第二項則牽扯到甚為廣泛的改革層面，包括改革的理論基礎、課程結構、學校的軟硬體設備、教師與學生的權利義務，似均在未經充分研討及詳細規畫的情況下，即匆促全面推動，缺乏溝通與共識，有關配套措施更是不足，於是引起了民間大量批評的聲浪，迄今尚未稍緩。究其原因，則有可能與教改的內容重點相當晦澀有甚大之關連，再加上改

革來勢旣急且猛，本有心想一舉解決所有教育上的基本問題，但如此缺乏緩衝時間及未有較周詳準備的結果，卻適得其反，變成有治絲益棼的現象出現。

　　例如依教改委員會總諮議報告書上所言，教改揭櫫希望達成的目標應即爲使我們目前的教育制度更能合乎人性化、現代化及效率化的要求，而核心思想則是從過去由上而下「以教師爲中心」的威權教育方式，改變爲由下而上「以學生爲中心」的民主教育方式。舊時由教育主管單位制定統一的教育規格，視學生如量產的貨品（聯考、標準本教科圖書、修業年限等由此而生），固然有其時代意義，現在則必須改由「帶好每一位學生」的觀念代替。帶領學生不能再像過去帶領一群綿羊般了事，教師應由照顧一群學生進而顧全每一位學生永續身心發展的完整（人本教育、全人教育、教育鬆綁、終身教育等由此而生）。

　　說到這裡，教改的觀念是愈來愈複雜，但總諮議報告書上都未予以適當解釋說明。例如人本教育與全人教育，在報告書上只有一句話，便是「人本化的教育是全人教育，強調培育學習者的健全思想、情操與知能，使其能充分發展潛能、實現自我」。於是接受教改的教師、學生可能似懂非懂，雖然仍覺得理想正確，應予以贊同，卻又被很多專有名詞弄得有點糊塗，產生了缺乏重點掌握的踏實感，行進目標變得模糊不清；疑惑一出，焦慮隨之而來。

　　這些教育新觀念，充斥在教改總諮議報告書中，其後九年一貫教育在此基礎上推動，除了循用諮議報告書上的教改觀念外，設計有關課程的學者專家又各依憑自己的專業理念，提出了更多類似如：多元教育、開放教育、兩性教育、統整教學、教學創新、學習評量、基本學測、量

尺分數等觀念與做法,但亦多未作適當解釋處理。例如:教學創新只有
九年一貫才能做嗎?學習評量和考試有什麼不同?學力測驗和聯考又有
什麼不同?你說大手牽小手,九年一貫開步走,難道過去幾十年的國民
教育就不是大手牽小手的結果嗎?為貫徹九年一貫,我們真要全面反權
威、反菁英,丟開書本看雲去嗎?如果是,為什麼;如不是,又為什
麼?建構式數學如何教?基本學測怎麼考?尊重學生自我,以後教師就
沒有自我了嗎?這種種都無疑造成了教師和學生緊張的心理。然後又加
上配套措施不夠,有關文件資料實例未能明確告訴教師和學生要怎麼來
配合這九年一貫的大改革。學生或者放棄看不清前途的課業學習,或者
到處補習以求心安;教師或者在創新的大前提下拚命設計出大量失焦的
教學計畫,以求形式上敷衍塞責,或者乾脆申請退休以表示自己無言的
抗議。凡此種種則恐非九年一貫教育改革方案樂見發生的結果。

　　教改的用心應該沒有錯,九年一貫的基本理念也應是正確,故此教
改至今,也有人喊出「教改絕不能走回頭路」的說法。不過,教改帶來
很多未預見的問題也是事實;九年一貫也已走到必須徹底檢討的十字路
口,就算是不走回頭路,要稍作停看聽的處理也甚有必要。但要檢討什
麼呢?本書認為仍應從基本概念來討論起,因為要批評改進一件事,首
先要弄清楚這到底是怎麼回事。

　　教改及九年一貫教育幾乎使我們國內人人涉入(就算非直接關係,
也會有某種程度的間接關係),理論及執行層面亦既深且廣。本書緣起
是因作者自己女兒正在校接受九年一貫教育,平常在陪她做功課時即發
現課程內容與傳統教法有很大的變動,但又缺乏可資遵循的解釋說明;
只好憑著自己原是學教育出身,現在還在大學教授有關教育課程,於是

近兩年多來一路摸索蒐集有關資料，希望能將這個「九年一貫」的意義弄清楚。起先是為解決自己疑問所需，後來因了解漸深入，也成為有些朋友同行切磋諮詢的對象，久之並受到何不將心得寫出來的鼓勵。既然有此建議，在不妨試試的情況下，寫寫停停，到現在終於也把雜亂的資料整理成一冊勉強可稱之為書的東西來了。雖然份量不是很豐富，但作者卻也必須承認，因為牽涉頗廣，寫得倒是很不輕鬆。本書的內容結構擬將九年一貫從頭說起，第壹篇「基本理念」敘述九年一貫與教改的關係，其發生的時代背景及理論依據；第貳篇「課程與教學」討論九年一貫教育執行的主要問題──課程與教學，到底做了哪些方面的改革，而這些改變為什麼會造成社會不安的原因，及我們的教育當局以及教師、學生、家長應如何面對這些衝擊與動盪的結果；第參篇「前景」則在檢討了九年一貫教育的內容之後，亦提出若干接續性學生升學及教師培育的新趨向問題，如此希望得以構成一個較完整的檢討體系。

這樣來看九年一貫教育，應是比較可以得睹全貌的方法。但另一方面，卻又不能不承認是一個很不容易掌握周全的方法。本書作者在完卷之後一方面感到自己以一個教育工作者的身分，亦為整體的教改盡了一份建言以為拋磚引玉的努力，一方面則為書中難免隨之而生的欠當之處，又感到相當惶恐。出版後尚希望有關學者先進能多惠予指正，以匡未逮。而本書撰寫期間，曾蒙桃園縣楊梅國中許火獅、基隆市暖江國小江照男、台北市靜心小學劉玉珍三位老師指導協助甚多；書成又承老長官教育部楊前部長朝祥允為作序，均在此表示由衷感謝。

張凱元 謹識

〈目錄〉

第壹篇

基本理念

第一章

九年一貫與教育改革

一、教育改革的時代意義
二、國民中小學九年一貫課程綱要

一、教育改革的時代意義

　　教育改革是在教育觀念及體制上一種相當規模的改變與革新的運動。依我國行政院教育改革審議委員會總諮議報告書上所言，我國的教育改革起自民國八十三年，迄今正好約十年的時間。推動教改的原因，是在二十世紀即將接近尾聲的時候，全世界的政治、經濟、文化都產生急速的變化。而我國順應世界潮流，從威權走向民主的開放過程中，雖然暴露了不少長期潛伏的弊病，但同時也展現出一股旺盛的生命力。如何提升國民的素質，使得既能承襲前人創造的台灣奇蹟，更能取得立足新世代競爭優勢，關鍵在於教育是否成功。但是我國的教育卻發生了一些問題，逐漸成為社會變革中受人矚目的焦點。回顧過去半世紀以來，我國各方面突飛猛進的背後，教育工作者確實做出他們該做的重大貢獻。但是時代在變，環境在變，民眾的思想與價值觀也在變。不論政府或民間團體，都興起非常響亮的教育變革呼聲。教育現代化已經成為即刻要行動，不能再延宕的工作。也是包括教育工作者在內，社會上每個人都該關心參與的事情。

　　就因為現在的世界是個急遽變動的世界，在科技發展、知識爆炸，以及人權高漲的形勢下，各國無不戮力於重新調整國家的自我定位，以期勿為時代所淘汰。於是我國乃於二十一世

紀前後，追隨美日德澳等先進國家進行教改，這在大前提上絕對沒有人會反對。

可是，教改十年來，對教改執行上的批評卻始終沒有間斷。因為教改是一項劃時代的變動工作，目前各先進教改國家亦尚在摸索前行，逐步檢驗成果。而我們的教改卻似是一起動便如脫韁之馬，好像單憑理念，似乎成功便俯拾皆是。在這樣躁進的情況之下，很多應說明的理念未能宣導清楚，甚至根本缺乏能清楚掌握教改方向的人才，然後在貿然推動之下，立即出現了教改理念不明確、教育法令不周全、學校組織設備不適合、教師培育不充分等配套措施重大的缺陷問題，於是形成了很多眼前所謂「教改亂象」的出現。

如前所言，教改其實百分之百為現代潮流之所需，而教改的理念基礎，一如教改委員會總諮議報告書上所揭示的，亦應是目前教育新觀念所秉持的基本立場；所以教改的推動及持續，應該是我們處於現代世界所無法迴避的責任。但在已推動了十年之後，面對目前的困境，我們必須要自我反省、導正錯誤，使教改能更踏實、更符合社會需要的結果，避免不必要的誤解，減少不必要的理論爭議與執行上資源和時間的浪費。如此正本清源，才能徹底了解問題，故我們也許有對教改稍做重頭檢討的必要。

教改的主要重點在「九年一貫教育」。因為國民中學三年及小學六年共九年的學程，乃屬於基礎教育及義務教育；等於與任一國民皆有切身的關係，而其後的進階教育亦由此開始。

世界其他各國的教育改革亦無不以此為基準,掌握了基礎教育的改革方向,也就等於了解了整個教育制度的改革方向,我國當然也不例外。

其實「九年一貫」這個名稱,應可追溯到民國六十八年制訂的「國民教育法」。此法第七條中即已指出:「國民小學及國民中學之課程,採九年一貫制,應以民族精神及國民生活為中心。」故九年一貫是本來就存在的國民教育課程指標,並非教改以後才有的名詞。其目的在於指出我們的義務教育既為九年,但又分為國中及國小兩個層次,為避免兩階段的課程各自為政,產生疏漏或重複浪費資源的情況,乃在國民教育法中特別予以強調。不過後來國中及國小不知何故仍分設「國中課程編輯委員會」及「國小課程編輯委員會」各自編輯教材,因而產生兩套課程內容多有重複或互不銜接的缺點。

這些缺點,雖然多年來陸續在改進之中,但兩個課程委員會卻始終未能合而為一。直到民國八十二年仍修訂公布了「國民小學課程標準」,八十五年實施;八十三年公布了「國民中學課程標準」,八十六年實施。這樣的局面到了民國八十五年教改總諮議報告書提出之後,情勢急轉直下,教育部於民國八十六年突然成立了「國民中小學課程發展專案小組」,在開過九次會議之後,即匆促於八十七年另行公布了「國民教育階段九年一貫課程總綱綱要」,為九年一貫教育展開了實質的推動。

九年一貫因此與教改密切相關,而且在因勢利導的情況

下，充分採取了教改總諮議報告書上的重要觀念與執行原則，成為我國教改的最重要代表象徵。

　　例如在「總諮議報告書」中，開宗明義即指明「教育現代化應反映出人本化、民主化、多元化、科技化、國際化的方向」。而在其後據以為推動九年一貫教育的「國民中小學九年一貫課程綱要」中，亦即依樣列出了「跨世紀的九年一貫新課程應該培養具備人本情懷、統整能力、民主素養、鄉土與國際意識，以及能進行終身學習之健全國民」的基本理念。

　　這樣看來，教改與九年一貫教育的一脈相承殆無疑義。在兩者的基本理念中，其實可以⑴「人性化」⑵「現代化」和⑶「效率化」三個目標來作為最終追求的理想。「人性化」可以包含了人本化和人本情懷的意義在內；「現代化」可以包含了民主化、多元化、國際化、民主素養、鄉土與國際意識的意義在內；而「效率化」可以包含了科技化、統整能力和終身學習的意義在內。三者之間有其縱橫交錯、互為表裡的作用存在，而最核心的思想則是以人為本的「人性化」教育精神；有了人性化的教育精神之後，才有可能談到追求更能與現代社會結合的「現代化」知識；以及講求在學習過程之中，如何可以配合各種內在及外在條件，以求能夠學得更快樂的「效率化」教育結果。故此九年一貫教育由教改而來，沒有教改可說就沒有九年一貫的推動。在教改總諮議報告書中，有三段文字應即是九年一貫教育推動的濫觴：

　　㈠首先，總諮議報告書中提到教育人性化、現代化和效率

化的基本理念，說的是：

　　目前社會各階層、各領域都在逐步加強自主能力，主體性的追求成為現代社會的明顯趨勢，這種趨勢使指導式的教育愈來愈不能充分符合需求。家長、社區對教育事務，要求有更多更廣泛的參與；公民也要求更多終身學習的機會。為因應二十一世紀社會的特點與變遷方向，教育現代化更應配合主體性的追求，反映出人本化、民主化、多元化、科技化、國際化的方向。

　　㈡接著，總諮議報告書中直接指出國民義務教育的改革方向，應為：

　　學生是教育的主體，而學習權則是國民的基本人權。要帶好每位學生，發展適性適才的教育，應該在確認學生的主體性與保障其學習權的基礎上，從事課程、教學與學生行為輔導方式的根本改革，並在以人為本的校園環境中，重塑師生倫理，以營建正確教育理念。

　　㈢最後，總諮議報告書更就國民義務教育革新課程與教學，列出了七點具體建議：

　　1.國民中小學課程，應以生活為中心，整體規畫，並以強健體魄，促進個體充分發展與增進群己關係為目標，培養生活基本知能，建立生活基本態度與習慣，奠定其終身學習的基礎。

　　2.政府應速建立基本學力指標，從事有關課程發展的基本問題研究，並建立課程綱要的最低規範，以取代現行課程標

準，使地方、學校及老師能以彈性的空間，因材施教或發展特色。

3.課程實施應與科技相結合，積極推展資訊教育，建立網路學習環境，並充分利用其成果與社會資源，包括電腦、視聽器材、博物館、圖書館與科學館之運用，以實施多元化的教學，促進教學成果。

4.積極統整課程，減少學科之開設，並避免過分強調系統嚴謹之知識架構，以落實生活教育與學生身心發展的整體性，減少正式上課時數，減輕學生課業負擔。增加活動課程，對於目前生活上的重要課題，如環保、倫理、道德、民主、法治、世界觀等生活教育內容，應加以重視，並整合於各科教學與活動中。目前國中地理、歷史、公民，可合併為社會科；理化、生物、地球科學可合併為自然科或綜合科學。國小健康教育，亦可與自然科或其他生活教育活動等合科。國小之團體活動、輔導活動或國中鄉土藝術活動等，應使學生落實於生活中，不宜單獨設科教學。

5.語文及數學課程，應重視其作為表達、思維與應用的工具性。自然科、社會科等偏重知識之課程，應由近及遠，強調生活與實用。教學時以引起興趣為優先考量，重視學會如何學，而不過分強調學術性之完整，以達通識教育之目的。藝能學科除陶冶、鑑賞能力之養成外，亦應特別注重生活技藝訓練，包括家用生活科技器具之使用方法與簡便維修技術，及手工具的運用等。

6.各學校應檢討、研修成績考查辦法，鼓勵自我進步，學習欣賞別人、與人合作，培養分享的情懷；應避免以班級為常模，訂定固定等第比率標準來評量學生，以減低學生間相互競爭的壓力。教學評量應重視其作為教學診斷之功能，積極導正分數與排序觀念，並研訂過程評量與多項目學習評量方式，發展多元價值。

7.國小學生應學習英語字母之辨認與書寫。積極規畫與準備國小學生必修適量英語課程。研議通用標音系統之可能性，以減輕國小學生發生母語、英語不同標音系統之負擔。

這三段話，第一段可視為教改精神的總宣示，第二段是說明教改對國民教育的目標要求，第三段即為我們接著要討論的「國民中小學九年一貫課程綱要」產生的主要依據。

二、國民中小學九年一貫課程綱要

前已提及，本來我們的國民中小學課程才剛修訂過，在民國八十五年及八十六年分別實施，但在教改總諮議報告書提出之後，八十六年又成立了「國民中小學課程發展專案小組」，隨即在八十七年推出「國民教育階段九年一貫課程總綱綱要」，八十九年公布「國民中小學九年一貫課程暫行綱要」，九十二年修訂為「國民中小學九年一貫課程綱要」（以下討論以最後公布的國民中小學九年一貫課程綱要為準）。

　　教改是必然的趨勢，但改得如此急促卻帶來了相當嚴重的後遺症，九年一貫的推動不順就是最顯著的一例，亦是我們在此希望以較完整且徹底的方式，予以分析檢討的目標所在。

　　首先依照教改總諮議報告書的教育人性化、現代化、效率化理念，「國民中小學九年一貫課程綱要」亦一開始便在基本理念立場之敘述上明白指出：「跨世紀的九年一貫新課程應該培養具備人本情懷、統整能力、民主素養、鄉土與國際意識，以及能進行終身學習之健全國民。」此陳述與教改總諮議報告書宣示的理念精神完全一致，同樣可以用「人性化」、「現代化」、「效率化」三項核心意義來總括其主要內容；這是我們在本章（第一章）裡先要理清楚的脈絡重點。然後由人性化、現代化及效率化概念接續引申出來的人本主義及強調適性適才教育等教改及九年一貫的重要目標方向及理由，我們接著才能在第二章內開始討論。

　　至於教改總諮議報告書中，所提到對國民義務教育革新課程與教學的具體建議（可說是九年一貫教育的實際建構藍圖），除其中部分文字亦為理念中人性化、現代化、效率化的延伸之外，最主要的則是為九年一貫的實質課程提出了「應以生活為基礎」的改變，以及其教學方式亦提出了「落實生活教育與學生身心發展的整體性」的改變。是以在國民中小學九年一貫課程中，乃出現了「教學以學生為中心」和「課程以學校為中心」兩個基本概念，以及一個全新但亦是最引起爭議的「十大基本能力」、「七大學習領域」、「六大新興議題」的

課程結構。我們則將在第三章、第四章、第五章內詳細加以討論。

　　要檢討教改的功過，我們先將教改最重要的主軸——九年一貫教育的來龍去脈先整理出來。希望能從頭按部就班，把原先教改的抽象理念敘說清楚，然後檢查九年一貫課程與教學所帶來的衝擊與利弊。這樣也許我們才能夠更清楚的了解到九年一貫教育到底是怎麼回事，然後才可能有機會看出九年一貫以及教改的前景是否屬於值得我們追求的教育理想境界，或只是一場空虛幻夢的鏡花水月。在一開始，我們就已肯定教改應為時代所必需，但現在目標可能有些模糊，而路又有些走岔了；趕快予以整體檢討，迷途應仍未遠，錯誤的路線要切實調整修正，前程則應仍是快樂光明的，本書亦在第六章、第七章及第八章內將作一番敘述描繪。

第二章

理論基礎

一、教育哲學和心理學的基礎

　　教育改革以及九年一貫的最主要依據應為「人性化」、「現代化」以及「效率化」三者。

　　而三者之中又應以人性化為最基本，因為教育本就是「人」的特有活動，其他的動物只有訓練而無教育的可能。動物藉訓練的機械方式可以學會某種技能，卻永遠無法產生改善自己身心行為的結果。只有人類因有思考和辨別是非的理性存在，才可以藉由教育薰陶的功能，不但會改善自己的行為，而且還創造出特有的人類文化來。

　　故此談教育，就不能不從談人性開始，等了解人性之後，因為人性的發揮、互動形成社會進步，才有所謂的「現代化」結果出來。而又另在討論人性的學習模式之下，如何使知識的傳承更順利、迅速及踏實，也才有所謂「效率化」的要求。

　　我們既談人性，亦即人的本性、本質到底是什麼，就不能不觸及人性本善或本惡的原則問題。關於這個原則，在教改總諮議報告書上亦首先指出：「教育的出發點必須是對於人性的信心，相信人有向善的秉性，這也是教育人本化的基礎。」由是看來，教改的基調不但是「人性化」而且是「人性本善」的。但何以知道人性本善？我們卻不能不先費些力氣稍作說明，因為這涉及人性本善或本惡對教育有什麼不同的效應影

響，而牽動到整個教育目標及實施方法結構的設定及達成的問題。

　　人性本善或本惡是一個爭論了幾千年的老問題，在我國以荀子、告子與孟子的不同理論最為人所熟知。荀子認為「人之性惡，其善者偽」，是性惡論的代表；告子認為「性可以為善可以為不善」，是性無善惡論的代表；孟子則認為「仁義禮智，非由外鑠我也，我固有之也」，是性善論的代表。

　　這個問題，在近代西方心理學界也有三派不同的代表說法。

　　首先是十九、二十世紀之交出現以佛洛伊德（S. Freud）為主的心理分析學派（psychoanalysis）；其次是二十世紀初期出現以巴夫洛夫（I. Pavlov）、華生（J. Watson）、史欽納（B. F. Skinner）等為主的行為學派（behaviorism）；以及最近二十世紀中期後出現以馬斯洛（A. Maslow）、羅哲斯（C. Rogers）、羅洛梅（Rollo May）等為主的人本主義心理學派（humanistic psychology）。

　　這三派心理學思想，首先在心理分析學派看來，正如荀子的理論一樣，認為人性追究到最後，就只剩下「性」與「攻擊」兩項本能的衝動。例如用功讀書可能只是為了勝過別人及實現「書中自有黃金屋」、「書中自有顏如玉」的潛意識動機，所以是典型的性惡論。而行為學派則和告子一樣從不認為有什麼叫做「人性」的東西存在；人也不過如貓、如鼠、如狗，所有的行為都是刺激與反應作用的產物。如果某一刺激引

出的行為產生愉快的結果，這種行為再出現的頻率就會增加，完全是機械式的；故無所謂「本善」與「本惡」的說法，是一種性無善惡的理論。

但人本主義則迥異於前兩派的說法，和我國儒家思想一樣，是從尊重「人性」開始；認為人性之不同於其他生物性，「性善」應就是一項顯著的因素。例如馬斯洛提倡自我實現的人格理論（Maslow, 1970），其最重要的基石就是人性本善；由於人性本善，只要依著本性的潛能發展，人就自然會往發展最完美的方向努力。依照馬氏的說法，人固然亦具有和其他生物一樣的生理需求本能（如覓食、覓偶等），但這些基礎本能是沒有善惡之別的，如獅子之獵殺山羊，母鴨之帶領小鴨，我們實不能說是善意或惡意。人卻除了生物本能之外，另有與其他生物不同的理性存在，理性之功能即為辨別是非對錯，找出行為正確的方向；而正確的行為必然是傾向善良、端正、仁愛的，故人性本善。

但人間又很真實的具有惡的存在，並成為善的對照，然則此類偷拐搶騙之惡由何而來？依照多數人本主義學者的解釋，善是先天的本性，惡則是由後天不當的環境學習而成。在馬斯洛看來，人作為生物進化的產物，有高於一般動物的發展，已成為富有社會性和創造性的動物，人性基本上是建設性的，破壞和侵犯的行為是人的基本需要遭受挫折後而引起的。因此，人性中具有成長和實現自我理想的傾向，就成了馬斯洛在人本精神中建構其重要的「自我實現」理念的一個主要理論根據。

　　由於對人性解釋的不同，在教育「知識學習」的立場上，心理分析及行為學派都把人類與其他動物的學習一樣機械化了，不易看出人類特有教化的成果；而另一方面在「人格成長」的立場上，也同樣因為性惡或性無善惡的緣故，在心理分析學派中強調必須協助學生控制人性中生物性本能的衝動；在行為學派則認為應以獎懲的方式來揚善抑惡。故心理分析學派的所謂培養健康正常的人格，指的就是能夠適當地壓抑、控制自己的行為，對人性傾向悲觀的看法。而行為學派的健康正常人格則強調在刺激和反應的學習中，終能建立起個人在環境中趨吉避凶的辨別能力。固然在人生的理想上，心理分析學派認為學會潛意識的壓抑，最終仍是為了追求「愛」與「工作」的美滿；行為學派則以賞罰分明是建立大同世界的不二條件，來鼓吹預期和控制行為的必要；也有其協助人格成長、促進社會發展的理想意義在內。但一味講求壓抑、控制，總是透露出無可奈何的味道；對人性的光明面一開始就缺乏信心，其後再怎麼努力，總會留下懷疑與遺憾。

　　故人本主義者顯然不同意此類不符人性尊嚴的做法，而認為人性本來就已異於純生物性。一般動物因缺乏理性的存在，或可使用單純外鑠的獎懲、控制等方式，施以訓練習得某項技能、改變某項行為；人卻有內在理性思考的能力，可以分辨對錯，決定自己該學什麼，然後負責其後果。人本主義著名的教育及心理學者杜威（J. Dewey）、高斯坦（K. Goldstein）、奧爾波特（G. Allport）、馬斯洛（A. Maslow）、羅哲斯（C.

Rogers）等都一致認為人格成長的力量本來就存在於個人，其成長完全是自發性的，可以用自我實現（self-actualization）來描述這一特性。

在人本主義心理學家看來，人是這個世界上的一種獨特存在狀態，不但不同於其他生物，而且因為每個人不同的成長背景，終必形成其本身完整而又迥異於他人的個人人格系統；雖然不否認人也會有挫折及罪惡的表現，但基本上都應是傾向於善以追求更好、更有意義的生活為終身目標。是故我們研究的既然是人的問題，就應該回歸直接以「人」為研究的對象，而且更要求以健康的人而非病態的人為研究標準。因為即或我們需要面對病態的問題，也必須先徹底了解健康的人後才能做出辨別，而既然能夠注意到健康學習與人格的發展，事實上就已減少了不良行為出現的可能。

自二十世紀始，隨著人類探測自然的成就突飛猛進，工業社會和科技世界相繼來臨，反映在知識學習系統上就形成實證科學掛帥的現象，教育問題亦一面倒向尋求量化、物化和機械化的所謂客觀學習研究，將人的行為與其他生物採取同樣的評量標準。在物化與量化的大前提下，我們乃有如心理分析學派及行為主義學派等重外鑠的教育觀念出現。外鑠的教育乃是一種威權領導的被動式教育，在社會現代化初期，科技掛帥的教育固亦有其推動社會繁榮的效果存在，但只重眼前功利的結果，卻顯然帶來忽視人性及文化發展的後遺症。教育制度僵化，學生只在分數上計較，人際關係疏遠，人人都只考慮自己

收入的多寡、職位的高低；大家不擇手段，環境被嚴重破壞，高速發展的工商業竭澤而漁，製造出大量污染及濫用資源的問題。於是到了現代化社會的後期，已有不少有識人士察覺到問題的嚴重性，為免科技物化反而帶來人類生存發展的障礙威脅，我們對這人類世界必須回復以人的眼光來重新檢視考量，於是乃有人本主義學派的出現，而人本的要求，首先就在教育上予以落實。

二、自我與自我實現的意義

九年一貫依循教改總諮議報告書的理念，人本精神應為基本的指導原則。

人本主義在教育上的核心論點約有三項：㈠人具有自我心身整體性；㈡人具有向善自我實現的潛能；㈢人具有個別差異性。

㈠人具有自我心身整體性

係指人與動物的分別。人因有理性反省的能力，所以有「自我意識」的存在，其他動物則無自我反省的可能。人可以對自己有善惡、美醜、好壞等價值思考判斷，其他動物則無。人由於自我意識，乃可以有比較改進、創造發明的行為產生，

人類的文化由此而來，其他動物則無。獅、虎、鼠、貓、兔、猴，從古到今都只是循著本能法則生活，只有人類可以發展出與時俱進的文化。

自我意識是一種心身整體性的活動，所謂整體性的活動，其實在一般動物中亦有類似的表現，例如小貓小狗的跑跳絕非純為跑而跑，為跳而跳，而應有其整體理由（如追逐皮球）存在。生物整體性活動的最高理由有二：(1)繼續維持本身生活及生命的一致性（如飢餓時運用自己所有的記憶、習慣以及身體技能覓食），及(2)追求更能適合自己生活滿足的可能（如生物均有找尋更好的食物、選擇更好的配偶的本能）。也就是說只要是生物有機體，基本上都會有促進自己能夠充分發展整體的需求存在（Goldstein, 1959）。

人類的自我意識在追求自我充分發展上，因有別於其他生物只為單純刺激—反應的行為表現，卻要複雜得多。亦即是說，人類的追求自我充分發展，因理性自我意識的作用，除了如覓食覓偶等單純發展的需求外，尚另包含了更多的情感、道德等判斷在內。

㈡人具有向善自我實現的潛能

我們稍早曾指出人性本善的理由，現在則討論人的整體性自我充分發展的意義，最主要乃說明人性與動物性有相當基本相同的地方（本能），也有不同的地方（理性）。但更重要的

是，在教育的立場上，我們要了解專屬於人類「教育性」意義的所在。人本主義學者馬斯洛就此提出他知名的需求層次論來解釋這些既矛盾又統一的概念，而以自我實現來定義人類與其他生物同源，但最後有超越動物性的自我充分發展概念。

馬斯洛認為人的基本需求如追求生理的滿足、追求安全的保障、追求情愛與歸屬的依靠、追求被尊重的形勢等，都與其他動物相去無幾；但卻因人另有理性與善性的存在，故其最終又會產生出追求自我實現的一種潛能需要。除與其他動物性需要亦含有繼續維持本身生活及生命的一致性，以及追求更能適合自己生活滿足的可能外，自我實現的需求又含有使生命更為豐富、更有意義，能夠創造發明，徹底實現自我理想的條件在內。其所以稱為自我實現，特色則是一種完全由內化的潛能自發而顯現的動機。這種潛能本來就存在於每個人的本性之中，教育只須將其誘導內發而出，學生就自然發展成材，不必使用太多威嚇逼迫、外鑠鑄型，反而使學生的淳樸潛能受到不必要的阻塞與戕害的結果。

㈢人具有個別差異性

人本教育的第一項觀念說明在教育立場上人與其他動物在基本上有所不同；第二項觀念說明人性本善，故人的教育只要善為誘導，且協助學生去除不良環境的影響，學生就自然能獲得善自成材、充分實現自我的機會。但除了這兩項觀念之外，

另還有第三項「人具有個別發展差異性」的觀念，也需要稍作基本教育立場的說明。如此九年一貫教育的重要架構，應就可以脈絡依循，容易討論了解。

人都具有自我心身的整體性，人也具有向善自我實現潛能的存在，但是每個人自我心身的整體性和自我實現的潛能卻又有不同的差異性存在。有關人的個體差異問題，因為人在成長過程中，其遺傳、成熟、環境及學習條件，不但與其他動物不同，而且人與人之間亦是相異，故在其後各自形成獨特的人格；亦即天下人雖眾，卻絕無兩人具完全相同人格的可能，即使同卵孿生子女亦然。人本主義學者高斯坦即指出，個別差異在學習過程中扮演甚為重要的角色。我們在訓練動物時，因為動物的個別差異不大，故只要掌握其天性，訓練大致即可成功。至於人類，訓練學習就必須注意到每個學習者不同的個別潛能差異。個別差異可以形成學習基礎與能力很大的不同，倘若超出一個學習者基礎能力的學習，通常只會造成災難性情境，接著出現逃避焦慮和害怕，甚至作出種種可能進退失據的不當行為。這種行為的負面結果通常遠超過學習所得的正面效果，乃成為學習失敗或停頓的主要原因。

三、認知學習理論基礎

我們已知人在教育的立場上與其他動物不同；人在正常的

條件之下，一定是向善以求自我潛能的充分實現；但每個人追求自我實現的動機、方法與目的又有相當的分別，這在教育理論上就稱為「個別差異」。

　　個別差異在傳統偏重團體制式的教育中曾長期遭到忽視，直至近年在民主潮流及重視個人權益的觀念下，才逐漸成為教育的主流思想。世界各國目前的教育改革大概都逐步由只重視教育集中領導的管理式轉移至分散輔導式的施教，我國的教改自亦不例外。是故在討論九年一貫教育的實質內容之前，我們仍有必要對「個別差異」到底是怎麼一回事再稍作說明，最終的結論是要了解學生的學習不宜再以傳統班級課程講授了事，而必須配合各個學生認知結構的不同（差異性）來做施教的準則，才可能真正收到教育的最佳效果。

　　人本主義心理學於二十世紀中期在美國興起，其發生原因與批判心理分析及行為主義的理論甚有關連。再深一層追究，可以說是由於對當時學校教育不滿而起。因為二十世紀以後，科學發展迅速，尤其在美國實用主義哲學的領導下，重視科學與追求功利的觀念密切結合，而使美國國力突飛猛進，一夕間成了世界上的首強。在志得意滿之餘，學校裡充滿了科學第一及凡事皆看結果不問過程的務實作風。本來科學及務實的態度也沒有什麼不好，問題是太過強調的結果卻有了至少四項後遺症出現：

　　㈠因特別重視科學技術而忽略了人文社會關懷的精神。人被等同物化，人性的價值日漸沈淪。學生的學習不再是如何修

身做人，而只是計較將來如何有更多事業成功的機會。智育成為唯一的出路，其餘均遭忽視；人格嚴重失衡，人生只剩下機械性的功利追求目標而缺乏意義性的自我成長目標。

㈡因為要達成大家一致的目標，個人特質受到抹殺、個人思想不被承認；價值標準由權威訂立，偏重壓抑式的外鑠統一管理；要求每一個人都依照一定的制式求知。因個人獨特性而產生的多元包容精神，因此也無法存在於威權僵化的社會。

㈢在功利、效率的要求之下，學校成了工廠式的加工場。學生大量以齊頭式標準進入學校，接受一致的制式教育。然後以齊頭式標準離開學校，完全失卻對學生個人價值及自我發展的尊重。

㈣大規模機械式外鑠被動學習的結果，導致學到的都是一些固定的零碎知識；在技能上也許很有用，卻缺少了培養主動思維、隨機應變的創造發展能力。於是自我實現的潛力受到阻塞，人只求達到標準，無意追求突破，整個社會的發展也因此受限。

美國的科學制式及外鑠壓抑式教育，在自以為國富兵強領先各國的狀態下，至一九五七年，由於蘇俄突然率先發射斯波尼克號人造衛星而終於全面受到檢討。何以重視科學教育而科學反而落後？而且學生一般學習能力亦有日漸低落的趨勢。重功利而人際關係日漸疏離等現象益顯，無疑是教育過程與教育體制和社會生活方式造成的結果。於是有識之士體認到教育在強調社會整體價值的同時，可能因個人價值受到忽視而使學生

喪失了真正自我成長的機會。在校時斤斤計較於學校分數，離開學校之後，在巨大的社會權力結構之下，又只能向大家所謂具有共同價值的「職位高低」、「薪水多寡」等標準看齊。社會及學校均以權威為中心，在社會上存在的人及在學校裡存在的學生只成了一個依附體或符號。個人的價值跌停板，人生的意義要憑外在的標準來論斷。在以權威為中心的氣氛下，在團隊行進的規範下，突出不被允許，落後即遭淘汰。整齊、僵化、壓抑的教育終致造成學習動機的傷害，及知識的停滯不前。

美國眾多教育與心理學者有鑑於此，紛紛提出必須改弦更張的看法。最為一致的態度，即是應由強調人的動物性本能學習回歸到人類本身學習心理的研究，其主要重點有二：

㈠人的學習並非單純刺激與反應聯結的結果，而有其意義認知的功能存在。而意義的產生應以學習者的認知為準，而非以教導者的認知為準。美國哈佛大學教授布魯納（J. S. Bruner）即指出：「教學生學習任何科目，絕不可只對學生灌輸某些固定的知識了事，而是要啟發學生能主動去求取有關知識與組織知識。教師不能只把學生教成一個活動的書櫃，而應教他如何思維。教他學會如何像歷史學者研究分析史料那樣，從學習過程中組織起自己的新知識。」故求知是一種自主的活動，而不只是被動地接受別人所得的結果。

心理分析及行為主義學派，以動物性本能的滿足來看學習的形成，傾向於外鑠而屬於非理性的一種行為。布魯納則以意

義的獲得來解釋學習的形成，是一種屬於內化的理性行為。布氏認為學習絕非是純粹機械性的結果，而應是個體對新經驗由知覺、辨別、理解，從而獲得新知識的歷程。知識乃如房屋的建構，由地基、樑柱……逐步往上增添。個體在學習時，亦即是運用其已有的知識內涵，去認識新情境；經過比較融合之後，從而改變擴展自己原有的認知結構，這種漸進發展式的學習，我們就稱之為「建構式學習」。故而學習的產生是主動的、內化的，是具有整體性的。學習效果的良窳，關鍵在新舊經驗是否能產生意義。所謂意義的大小，就是舊經驗含有與新經驗可以契合的因素有多少。例如在初學乘法時，就必須先有加法的概念，然後以 9 ＋ 9 ＋ 9 來解釋 9 × 3，就有了意義；又如教「斑馬」一詞，如已有了「馬」、「驢」、「條紋」等先備概念，就容易說得明白。而先備概念的有無，完全是學習者本身的條件。教師若能在教任何一門課程時都能留意到學生先備概念的問題，就會產生意義學習的結果。否則一味以威權式的灌輸方式，只單向決定學生該學什麼，而不問學生的有無需要、能否接受，當然就產生學習障礙。

　　㈡學習必須從意義開始，否則事倍功半。對人類而言，其情況尤為複雜；其他動物的學習，能力容有差異，總是相去不遠。但人類由於體力、智力、人格傾向及經驗背景等複雜因素影響，常常對同樣的刺激因素，會作出很不相同的反應，學習的結果更有明顯的差異。同樣的課程、同樣的教師、同樣的環境，如前所言，卻可能因每人認知結構內涵的先備概念有所不

同，學習新材料時所能產生的意義亦會有所不同，於是學習後所得結果也迥然不同。

更有甚者，人類的學習速度等條件差異亦較其他動物之間的差異要大得多。有的人學得快忘得快、有的人學得快忘得慢、有的人學得慢忘得快、有的人學得慢忘得慢；有的人學習以聽覺為主、有的人學習以視覺為主，不一而足，結果有人就將之視為所謂學習能力的高低。但美國心理學家卡洛（J. B. Carroll）和柏隆姆（B. S. Bloom）等卻不同意這種說法。他們認為每個學生都不免會有自己的學習性向，甚至有的人早晨學習效果較佳，有的人卻晚上學習效果最好，有人較擅於數理，有人長於語文，有人則動作技能特別靈敏，做教師的責任其實是要找出學生最好的學習傾向。理論上，如果課程能夠配合學生特殊的性向，並給與適合他的充分學習時間，則一般學校的課程對正常智能的學生來說，就沒有學不好的道理。學生之所謂學不好，大概都是教師對學習傾向及速度有所不同的學生，施以同樣的條件教學所產生的結果。

卡洛和柏隆姆兩氏的教學理論，其實脫胎於行為主義的編序教學方法，亦即常將一完整課程教材分為多個小單元，每個小單元都使用增強鼓勵的方式，不計時間，使學生學至熟練為止。如此循序漸進，終至學會全部課程的學習方法，即稱為精熟學習法（method of mastery learning）。此法雖由行為主義的增強理論開始，但結論卻是必須尊重學生學習的個別差異。我們曾經強調，不論是哪一種心理學派或教育理論，其實最終都

是希望解開人類複雜的心理行為奧秘，存善去惡，以增進人類生活福祉為最高目標。不過在潮流上，愈來愈能重視及把握人性而已。

故後來的人本主義教育及心理學者羅哲斯（Rogers, 1983）就此提出的「以學生為中心」的教育理念，主要重點有二：(1)學校和老師必須把學生以等位的「人」格對待，相信每一個學生的本性都是好的，任何正常的學生都能自己教育自己，具有自我實現的潛能傾向。(2)應將學生視為學習活動的主體，教學要以適合學生的需要為中心，尊重學生的個人經驗，規畫一切可能的情境和機會，來促進學生學習和成長。這兩項重點綜合起來，和我國儒家「有教無類」及「因材施教」的思想竟完全一致。

第貳篇

課程與教學

第三章

以學生爲中心的教學

一、帶好每一位學生

教育改革追求更「人性化」、「現代化」及「效率化」的教育精神，與傳統教育觀念比較起來，也就是我們的教育要更能尊重學生作為教育的主體，要有更能配合現代思潮及生活型態的課程，以及要使學生在學習上可以更有效率。

我們已經說明了「人性化」，就是確立人性本善及人有追求自我實現的潛能存在；只要用心協助學生，能在盡量配合學生性向的原則下，給與適當的學習機會，並排除不良環境的影響，學生就應可以自然圓滿成長。「現代化」則配合社會的進步，將學生修習的課程整合改變為更能反映社會生活需要的內容。而「效率化」則是了解學生有個別差異的存在，教育必須貫徹有教無類及因材施教的精神。

是故，在教改總諮議報告書中即強調，「教育必須由保障學習者的主體權益開始」；即在教育的施行上，我們首先要關心的不是別的，而是受教者是否可由此得到最佳的利益收穫。以一句簡明的話來說，也就是「教育以學生為中心」的觀念，是相對於舊時「以教師為中心」的做法而來。

舊時以教師為中心的教育重威權及型塑，現時以學生為中心的教育則重民主與適性。舊時以教師為中心，教學著重把教材灌輸給學生；現時以學生為中心，教學著重在了解學生不同

的性向及需要，必須要配合每個學生的學習狀況，隨時調整輔導，才能收到最好的教學效果。

更具體地說，舊時我們的教學規畫是從上而下，由教育主管單位制定統一的課程規格，由教師負責執行，視學生為量產的貨品，當然在以前教育資源缺乏時曾有其安定社會的功能存在；在完全一致的學習標準下，每個人都扮演同樣小螺絲釘的角色，組成只有國家及社會為主體的火車頭隆隆向前。

但現時我們已開始步入開發國家之林，民智已開，個人的權利日益受到重視；教育權亦然，故現在「帶好一班學生」的觀念，必須由「帶好每一位學生」來代替。帶領學生不能再像過去帶領一群綿羊般了事，教師應由照顧一群學生進而考慮每一位學生不同的個別差異，而分別照顧到其永續身心發展的完整。這指的就是理想的教育應是一種全人格的教育。

二、全人教育

教育改革的精神，是由人本主義的以「人」為本轉化而成「以學生為中心」作為指標基礎。以學生為中心的思想其實可以上接我們儒家「有教無類」、「因材施教」的仁道教學理念，及西方蘇格拉底、盧梭（J. J. Rousseau）等的自然主義思想，然後可說是以全人格教育──或稱全人教育──作為落實的標準。

　　全人教育（holistic education）一詞，乃是借用全人醫藥（holistic medicine）的觀念而來。全人醫藥的觀念最早可以追溯到西元前四世紀希臘醫聖希波克拉底（Hippocrates）認為健康的人就是一個身體、意識、情緒與精神都能一致與宇宙、自然及社會環境相和諧呼應的人（Encyclopedia Americana, 1982）。全人醫藥在二十世紀中，因部分醫療人員有感於對病人的治療程序愈來愈物化，只著重在處理病人肉體上的痛苦，而完全忽視了病人在治療過程中心靈的感受以及對醫療人員情感上的依賴與反應；而提倡在治療病人時除了醫藥原則的使用外，更應同時留意與個別病人有關的獨特心理、環境和社會因素，就可以獲得更佳的病情改善效果。

　　教育改革在人本主義的觀念影響下，乃認為教育的主權應由政府鬆綁回歸至國民全體，袪除舊有教育為團體性活動的做法，而應顧及以「每一個人」為教育對象的全人教育要求。因為每一個人都有其不可分割的獨特人格及學習性向，教育要求真正的平等，就必須由照顧學習者個人的特殊需要做起；否則又將陷入舊時傳統式教育，大家依照同一標準學習的假平等現象。

　　全人教育的理想，在於每一個學習者都能依其獨特背景，在不虞資源匱乏的條件下，以與生活結合及內在知情意行心身一致的自我充分發展方式，來接受德智體群美五育均衡的一種基本完整教育學習經驗。我國的義務教育現時雖已為九年，但較諸先進國家卻仍尚有一段差距，而且教育的品質亦尚未能盡

如人意。例如班級人數普遍過多，即為損害實質照顧到每一學生的最大負數。目前此項教育改革的目標，一則為計畫延長義務教育的可能，二則為計畫減少國中、小的人數至每班三十五人，甚至三十人、二十人以下。因為現實上教師所教導的對象數目愈少，才有愈能配合每一學生學習需要的可能。對學生在五育學習中發生缺失時，均能適時予以調整、補救，從根本開始輔導每一學生規畫其完整獨特的生涯方向。而對於部分社經等學習條件居於弱勢的學生，尤其需要特別的協助，達成使每一學生均能圓滿成材的全人教育要求。

三、多元教育

　　為配合全人教育的需求，使學生的知識及人格成長，得到完整德智體群美均衡發展的機會，接下來多元教育是必然的學習途徑。而且教育鬆綁之後，各所學校講求本身特色的建立，教育思想不再定於一尊，多元文化百家爭鳴的現象亦就是必然的結果。譬如我們進入餐廳用餐，傳統權威式教育只有少數套餐可供選擇，改革後的民主式教育則是菜色豐富，選擇成為多元。因為豐盛多元的緣故，乃使有教無類及因材施教不再是奢求的理想，而是實際可行的生活學習型態。每一個人只要有心進修，就一定有機會學習，而且一定可以找到適合自己學習興趣及能力的課程。

　　多元教育觀念的落實，或有五項核心的方向：第一、促進私人興學；第二、開放學校教材多元化；第三、塑造多元文化的社會；第四、入學管道多元化；第五、使人人都能在自己的立場上追求成功及卓越。

㈠促進私人興學

　　我國政府遷台數十年來，曾長期限制私立學校的興設。而在解嚴之後，陸續開放私立學校的設立申請。近年來，由於許多私立學校（尤其大專學校）的成立，已有效紓解大學入學激烈競爭的程度，而且使各學校間的特色建立呈現多元化。不過私立學校的水準，仍有待適當維持及提升。

㈡開放學校教材多元化

　　尤其在中小學階段，舊時全國一致的部編課本教材已經打破。政府對各校的課程、教材，只作原則上的規定。學校課程趨向活潑化，通識教育的觀念已為教師及學生普遍接受，學生增加對所學課程科目選擇的權利，使所學更能適才適性。

㈢塑造多元文化的社會

　　多元文化教育的特色，除了增廣學生的知識及具體領域範

圍之外，另外一項功效則是可以培養對多樣文化的容納與欣賞的器識，思想不再定於一尊。在有了多元文化比較的機會之後，除了對自己本身具有淵源意義的文化，可以產生更深的認知之外，對其他相異的文化，亦更可由了解而產生良性互動的結果。對不同血統、宗教、職業、生活型態等族群，都更能以平常心對待，在社會上共存共榮。

㈣入學管道多元化

過去競爭性的入學，多採用聯合考試方式，有其時代背景及意義。但在目前民智已開、社會多元、教育益發重視全人格及適才適性的要求下，僅以一、兩天特定少數學科考試的成績，來決定入學的資格，無疑已到了要全面檢討的時候。在尊重學校特色及學生特質的原則下，入學方式必須以更有彈性的辦法來處理。採計各種連同學科成績在內的條件，作為學生進入某校繼續學習的多元入學方式，應是較進步合理的方法。不過最近在實施多元入學的實例上，卻出現因配套的技術措施準備未臻周詳，因而在幾個環節上發生「脫序」的現象，這是教改主事者值得留意改進的地方。

㈤使人人都能在自己的立場上追求成功及卓越

使教育制度從威權走向民主，從要求學生適應教育到要求

教育適應學生，是教育改革的最基本精神。缺乏選擇，學生必須處處配合教育的規定，則學習就是痛苦的經驗。具有選擇的自由，教育成為符合學生需要的協助與供應者，學習就終成充滿快樂與尊嚴的活動。學習沒有高低的分別，而只會有被扼殺或限制的憂慮。在多元教育的環境之下，個人永遠可以選擇自己最喜歡、最適性的課程；個人人格、知能的成長，就有無限學習的機會。

第四章

以學校爲中心的課程

一、教育鬆綁

二、學校課程自主

一、教育鬆綁

　　本書討論九年一貫教育，首先釐清不少教育改革所依據的理念名詞，直到說明教改的核心思想其實就是要改變過去「以教師為中心的教育」成為「以學生為中心的教育」，希望由此而達到「全人教育」的理想境地。

　　九年一貫教育的課程結構乃由此而生。對照著以學生為中心的教育原則，在學校立場上，由於課程為學校教育的主要內容，學校為了能靈活配合「以學生為中心」教學的實施，課程規畫就必須由以往一致性的標準，轉變為依環境及學生的需要而有自行調整若干內容的必要。這種各校彈性處理課程的方式，我們就稱之為「以學校為中心的課程」（學校本位課程）。

　　但在討論以學校為中心的課程之前，似有必要暫先回頭再說明一下「教育鬆綁」對九年一貫課程產生的影響。

　　所謂教育鬆綁，前言曾提及舊時的教育是一種由上而下、威權領導式的做法，現時的教育則是一種由下而上、民主開放式的做法，其間最主要的差別是舊式的教育重團體目標，新式的教育重個別差異；而落實這種教育改革的第一步驟，應該就是要求教育權的下放，也就是教育鬆綁的意思。

　　我國在解嚴之後人權思想抬頭，傳統教育的形式在民主浪

潮之下日漸受到質疑。傳統教育是威權式的教育，特色是教育制度的釐訂、運作，完全由上而下，操縱於少數人手中，以威權者的意志為教育推動的依據，教育的內容充滿少數威權者的喜惡與意識型態。教師及學生依規進行有關課程活動，全體一致，缺乏對學習者個人學習能力及特色的考量。學生只能被動地接受教師的教學內容，教師則依照標準教材行事。學校為管理教師及學生的機構，政府又為管理學校的機構；層層約束綑綁，由威權政府綑綁學校，學校綑綁教師，教師綑綁學生。好處是在教育資源缺乏的狀況下，可以有效率地以有限資源，完成大規模量產的教育目標。

但我國在解嚴之後，民智已開，人權的要求日亟，因國家的權力來源為國民全體，所以國家的權力亦應以服務而非限制國民的權益為主。教育權當然也一樣，在教育改革的呼聲下，首先要做的就是威權時代過度集中於政府的教育管制權力，必須要先回歸國民本身，才能符合「以人為本」或「以民為本」的現代國家需求。

故教育鬆綁為教育改革的第一要務。改革的方向主要應為將教育權首先由中央釋放至地方；其次由政府釋放至學校；再者由學校釋放至教師及家長；最後由教師與家長釋放至學生。茲說明如下：

㈠中央的教育權應以列舉方式為之，因教育權雖屬國民全體，但仍有部分必須有一致的標準或有統籌資源的意義者，例如目前在「教育基本法」中所規定的：(1)教育制度之規畫設

計；(2)對地方教育事務之適法監督；(3)執行全國性教育事務，並協調或協助各地方教育之發展；(4)中央教育經費之分配與補助；(5)設立並監督國立學校及其他教育機構；(6)教育統計、評鑑與政策研究；(7)促進教育事務之國際交流；(8)依憲法規定對教育事業、教育工作者、少數民族及弱勢群體之教育事項，提供獎勵、扶助或促其發展。此八項應為歸屬中央的教育權。除了這八項中央政府的教育權之外，其餘任何有關教育事項之權力，都應在鬆綁的要求下，劃歸為地方政府所有。而且配合地方教育權的擴增，教育經費亦同時應寬裕撥供地方（尤其是較偏遠而財源先天上較困難的地方），以真正落實教育權釋放的意義。

㈡學校為正規教育的基本單位，各個學校均有性質、規模等甚不相同的特色。即使屬於同類的學校，亦可能因學生來源的不同而應有其因時地制宜的特殊需求。政府實不必管制太過，而僅須對學校作組織架構的基本要求，其餘應尊重學校本身規畫發展其個別特色。不但不應使每一所小學從建築外型到教學內容均整齊劃一為相同模樣，反而應鼓勵學校在教育的軟硬體以及校風上都能建立自己獨一無二、與眾不同的特色。

㈢教師（家長）為直接與學生學習行為相關的教育人員，亦為最了解學生需要者。如何可以使學生學得更好，教師（家長）的責任最為重要。故教學的權力學校應盡量授由教師靈活運用，學校僅須適度評鑑教師的能力及提供持續進修的機會。

㈣依照人本主義教育以學生為中心的理念，教育權的最終

擁有者，即為學生本身，亦即說明了學生為教育主體的基本概念。在此概念之下，國家、教育機構、教師、父母乃為教育主體的協助者，共同各盡所能，合力輔導教育主體，使充分發展人格、才智和身心能力，而後可以完成加入自由社會，積極貢獻所學的教育目標。

教育鬆綁基於人本主義對人性抱持「向善」的信念，認為只要給與學生正面的誘導，人性的光明面就會自然成長茁壯，而環境中可能引發惡質的因素就已不容易發生。每一個小孩子學說話、學走路從來不必刻意的教導，即可以圓滿自如，反而是進入學校後用盡各種方式還是學不好一項特定的技能，就是太過以一定要這樣、一定不可以那樣等種種形式來要求學生達到某項標準的緣故。我們現在要求鬆綁的教育原則即是要還給學生一個能被尊重適合個別成長的教育環境，亦即對學生而言就是「以學生為中心」的教學；而對學校而言，即是一個能更適合學生及表現學校特色的「以學校為中心的課程設計」。

二、學校課程自主

教育鬆綁就是要將教育權下放回歸給學生及直接教導學生的學校、家長與教師。

鬆綁的極致，其實在某種程度下，家長可以逕自在家教育自己的子女而得到學力的認可（home schooling）。我們古代不

就多的是類似私塾的例子嗎？再者，古時的私塾不是也曾挑起學校教育的大樑嗎？彼時絕沒有所謂固定的教室等建築及標準的課程及課本為硬體、軟體設備；所以可見教育並不是非要有學校不可。學校是在我們文化的前現代化時期，因適應教育量產的需要才產生出來的教育機器。

固然學校曾經在現代化的過程中有其重要的貢獻影響，而迄今也仍有其專業的功能存在；但如配合目前講求更人性化、現代化及效率化的教育改革要求，為達成「以學生為中心」的結果，學校也就應該同步轉型表現出本身更人性化、現代化及效率化的新格局。於是在教育鬆綁下，已將教育權由集權的中央，盡量下放到正規教育的基本學校單位之際，學校將面臨權利與義務的挑戰首先就是「學校課程自主的責任」。

因此，在教改的教育鬆綁原則之下，過去中央頒行的「國中及國小課程標準」即改變為「國民中小學九年一貫課程綱要」。「標準」的意思代表嚴格一致的規範，照表操課，沒有例外可言；「綱要」則代表只是一些原則，而執行者可以在原則之下作若干彈性的變通處理。九年一貫課程第一步以綱要來代替標準的做法，就完全是配合「教學以學生為中心」及「課程以學校為中心」的進步措施。不過，本書一開始就已提到，我們的教育改革卻因為躁進及缺乏配套措施就貿然全面推動，故此也同時引起了學校教師、學生及家長的幾乎全面性無法適應，質疑之聲紛至沓來，到現在都還說不清楚、講不明白；教育改革的良法美意因之大打折扣，遭遇到莫大的挫折阻礙。

原因是接受了九年國民教育之後，我們希望學生能夠達到怎麼樣的一個知識學習及人格成長的水準？我們又要如何方能達到預期的水準？教改後的「國民中小學九年一貫課程綱要」裡乃提出了「十大能力」作為預期的目標，然後再加上「七大學習領域」及「六大新興議題」的課程架構，以為欲達成基本能力要求所應學習的知識內容。

十大基本能力所要求的核心理念，仍是以貫徹「以學生為中心」以及結合實際的「生活經驗」來作為學習的方向；而七大學習領域及六大新興議題則強調以「課程統整」及「協同教學」的「以學校為中心」之特色，以求更能提供學生在課程實施過程中可以獲致更適當個體發展、社會文化及自然環境學習的機會。

但這樣的基本能力要求及課程架構，卻一直爭議不斷，引起教師、學生及家長莫大的疑慮與不安。到底這些「十大基本能力」、「七大學習領域」及「六大新興議題」是否可以為我們描繪出一幅美麗且清楚的藍圖，只要按圖索驥、依表操課，學生的學習就可以面目一新，達到教育更人性化、現代化和效率化的結果？我們實仍有依照有關標準，詳加檢視的必要。

㈠十大基本能力

「國民中小學九年一貫課程綱要」上所列的十大基本能力課程目標為：⑴了解自我與發展潛能；⑵欣賞、表現與創新；

⑶生涯規劃與終身學習；⑷表達、溝通與分享；⑸尊重、關懷與團隊合作；⑹文化學習與國際了解；⑺規劃、組織與實踐；⑻運用科技與資訊；⑼主動探索與研究；⑽獨立思考與解決問題。

依「以學生為中心」及更「人性化」、「現代化」及「效率化」的標準，「九年一貫課程綱要」中所列的這十項基本能力，確實比原來國民教育法中第一條所列的：「國民教育依中華民國憲法第一百五十八條之規定，以養成德、智、體、群、美五育均衡發展之健全國民為宗旨。」已有進步的意義在內。原來「以養成德、智、體、群、美五育均衡發展之健全國民」內容並非不好，實質上也自民國六十八年頒布起，影響了我們二十五年。正如傳統教育制度對我們的社會與國家也曾有莫大的貢獻是一樣的，追求德智體群美五育均衡發展的方向基本上並沒有不對，而且迄今仍有其高尚的價值存在。但問題是，原國民教育法中所謂德智體群美五育的內涵，因未有進一步經客觀程序得來的定義，顯然在實施時成為一種由上而下、威權領導式的教育方法，由教師依照部頒課本來灌輸學生什麼是德智體群美，而不是由學生自己在整個國民教育學習過程中，自行逐步發展出德智體群美的深刻觀念；這就是新式「以學生為中心」與舊式「以教師為中心」教學的不同之處。而九年一貫課程綱要，首揭在十大基本能力中，就先要求教育學生從了解自我與發展潛能做起，體會自己的特質，積極開發自己的潛能，經過適當的教育薰陶，才有真正形成正確德智體群美價值觀的

可能。

　　但十大基本能力的方向，雖然尚能符合「以學生為中心」的要求，卻同樣可能因為推動急促，未及考慮周詳的緣故，因此檢視整個內容，除了第四項「表達、溝通與分享」及第五項「尊重、關懷與團體合作」之外，其餘各基本能力，卻似乎有空洞及好高騖遠、脫離現實的傾向。例如第二項「欣賞、表現與創新」，欣賞、表現或可由國民教育中獲得基本的概念，但創新卻是談何容易（十大能力有時使用「創新」一詞，有時使用「創作」一詞；兩者語氣不同，不知以何者為準）？似也不符基礎教育之內涵要求。另外第三項「生涯規劃與終身學習」、第六項「文化學習與國際了解」、第七項「規劃、組織與實踐」、第八項「運用科技與資訊」、第九項「主動探索與研究」以及第十項「獨立思考與解決問題」等能力，似乎都不是一個十五歲左右的青少年所應具備的基本能力，反而像是一個優等國民的完全成熟表現了（但好像又忽視了對身體健康體能的要求）。更例如第十項的「獨立思考與解決問題」，其實直到高級中學法中，其第一條始有「高級中學以陶冶青年身心，培育健全國民，奠定研究學術或學習專門知識之預備為宗旨」；直到大學法中，其第一條始有「大學以研究學術、培育人才、提升文化、服務社會、促進國家發展為宗旨」。說老實話，要真能獨立思考與解決問題，恐怕到研究所以上階段才比較實際。在國民教育中加上這項要求，應非妥當之舉，而且不免引起了其後教學上的偏差，形成教師有脫離現實而過分創新

或揠苗助長的情況，不但對學生沒有好處，也成了教師自己的壓力來源。其實還不如平實一點，例如將第 8 項改為「運用基礎科技與資訊」的能力，就較為妥當一些。

㈡七大學習領域及六大新興議題

　　九年一貫教育在依循教改的大方向下，以更人性化、現代化及效率化為追求理念目標；而以「學生為教育的中心」為核心思想，因此有了十大基本能力作為這個九年一貫階段應完成的學習要求。但可能因太過躁進及太過理想化的緣故，十大基本能力的釐定似有好高騖遠、意義模糊及脫離現實的傾向。於是隨之而建構的，目標在達成培養十大能力的七大學習領域及六大新興議題之「以學校為中心」的課程結構，似也就缺乏周詳紮實的理論基礎依據，使人疑慮之處不少，茲試作分析如下：

1.領域理論基礎欠明確

　　我國國小課程原設道德與健康、國語、數學、社會、自然、藝能科（音樂、體育、美勞）、團體活動、輔導活動、鄉土教學活動等十一科。國中課程原設國文、英語、數學、社會科（認識台灣──社會、歷史、地理；公民與道德、歷史、地理）、自然科（生物、理化、地球科學）、健康教育、家政、生活科技、電腦、藝能科（音樂、體育、美術）、童軍教育、

鄉土藝術活動、團體活動、輔導活動、選修科目等二十三科。

　　但九年一貫課程綱要則將所有課程內容合併為語文、健康與體育、社會、藝術與人文、自然與生活科技、數學、綜合活動等七個學習領域（在國小一、二年級則是將社會、藝術與人文、自然與生活科技共同整合為生活學習領域）。

　　九年一貫將原來分科的課程，統整成為領域的課程，其理由或有四：(1)使國中及國小課程形成有主軸連貫系統的整合式課程，而非各自不相統屬的獨立課程。(2)在現代知識爆炸的情況下，舊有的科屬已有再分的必要（如社會科已非歷史、地理、公民所可涵蓋，必須以更廣闊的領域精神來整合表現更細緻的知識內容，例如：社會科應有歷史、地理、社會、政治、經濟、法律、人類文化發展等內容）。(3)分科知識容易抱殘守缺，形成封閉性知識，而領域知識基本上較有宏觀性，容易開放與其他領域知識產生融合，整合成為生活知識的結果。(4)領域知識因為較能融入生活，故較適合用於十大基本能力的培養。

　　但事實上，到底分科課程較好，或是領域課程較好，迄今仍是一個爭論的問題。現在九年一貫的領域式課程架構在偏向知識社會化的理論之下，要求與社會現代化的步調應一致，故原來的學科疆域就被打破而要求重新組成彈性領域教學；但彈性到底應有多大？領域又如何重新劃分？卻是擾攘不已。領域式的課程理論在數十年前就被提出，最大的理由是擔心因分科太細會有把工具當目的之流弊發生（例如只熟讀歷史而不知以

古喻今），但問題是如一開始就只顧目的而缺乏工具又將如何呢？到底是分科好或領域好，或何階段分、何階段合，實無定論，故領域論也一直未成絕對的標準。但我們的九年一貫課程未經較徹底的討論，就先以貫通國中、國小課程的方式，用領域課程來簡單加以整合一番，也許並非周全的做法。

2.結構疊床架屋

如此急躁整合的方式，首先就可能產生了疊床架屋的結果。仔細檢視七大領域的內涵，課程內容首先就變得相當複雜，因為：(1)各領域課程內，有的又仍含有再分科的情況。如「語文學習領域」即完全保留「國語文」、「閩南語」、「客家語」、「原住民語」及「英語」的分科教學形式。另綜合活動學習領域除泛指其他不在各種獨立領域的各類知能外，又特別將童軍、家政等單獨科目納入本領域。(2)各領域原則上又分別以主題能力指標教學為準。主題能力指標有的領域內稱「主題軸」，有的稱「學習重點」（如語文領域），有的就直接稱「能力」、「能力要項」或「主項目」（如自然與生活科技領域），不一而足（但我們姑且均稱之為主題軸，因為多數領域之內容分項均以主題軸名之）。(3)主題軸主要是表達在九年一貫之各階段學習過程中，應分別依循達成之目標能力方向，故在各軸的發展中，由於年級的不同，而又劃分有所謂的「分段能力指標」，但除了「分段能力指標」之外，各領域又有所謂「課程目標」，以及「分段能力指標與十大基本能力之關係」

的標竿，十分繁複。所以我們看到在語文學習領域的本國語文課程目標裡，乾脆將十大基本能力重複一遍，只稍做文字修飾，如十大基本能力第十項「獨立思考與解決問題」改爲本國語文課程目標第十項「應用語文獨立思考，解決問題」等。而同樣屬於語文學習領域的英語裡，則另列了：「一、培養學生基本的英語溝通能力。二、培養學生學習英語的興趣與方法。三、增進學生對本國與外國文化習俗之認識。」爲課程目標。其他領域亦多類此情況，南轅北轍，然後又要再敘述一遍所謂「分段能力指標與十大基本能力之關係」的標準何在。接著除七大領域之外，又另列出了「資訊」、「環境」、「兩性」、「人權」、「生涯發展」、「家政」六大教育議題，要求融入七大領域中教學，實頗有欠妥及重複之嫌（如電腦未列入領域主軸，只列入資訊新興議題；及「人權」與社會領域重複，家政與綜合活動領域重複等），可說是相當疊床架屋的課程結構。

3. 名詞混淆不清

「九年一貫課程綱要」內有很多新名詞出現，但可能就因爲急促推出之故，各新名詞卻有頗不一致的用法。如剛剛提到的「主題軸」、「能力」、「學習重點」之外，另外「生活課程」是否亦爲一特殊之「領域」則未予說明；有的學習領域已直接以一至九年級來稱呼各學習階段，有的則仍保留國小一至六年級及國中一至三年級的稱呼，有的則交互稱呼運用。此

外，各領域編印成冊的綱要亦相當凌亂與粗糙，讀來十分吃力，而且亦多交代不清之處。如社會學習領域附錄舉出兩則「單元教學活動計畫」示例，起碼就有三點可議之處：(1)「計畫」有時又寫作「計劃」；(2)說明中指出兩例：「一例適用於國中，一例適用於國小」，但事實上兩例教學對象應均為國中三年級；(3)兩例使用「單元主題」的稱呼，其實單元和主題範圍應有不同，如前述「主題軸」應為主題範圍，而單元則應為課文範圍。

4.執行方式含糊籠統

九年一貫課程的推動，在目標欠明確、結構欠嚴謹、內容又不很清楚的情況下，難免就會引起執行者的慌亂而容易產生茫、忙、盲的結果。

這樣一個教育上劃時代的重要變革，若是以如此含糊籠統的綱要作為開端，當然就容易使學校、教師及家長、學生都立即感受到無比的壓力。尤其是第一線的學校及教師，因為學校立即要面對課程「以學校為中心」的課程統整重責大任，教師立即要提出「以學生為中心」及「協同教學」的教學計畫。舊時學校從校門到教室設施千篇一律的制式做法當然要改；教師只依標準課本年復一年照本宣科的教學當然也要活潑起來。但問題是，我們行之已久的制式教育在「鬆綁」的原則之下，好像只提出很多如「九年一貫就是教學創新」、「大手牽小手，九年一貫開步走」、「丟開書包看雲去」等口號來凸顯鬆綁之

後以學校為中心的課程走向，似是不切實際的做法。基本上不但不能協助學校及教師掌握住鬆綁是另一種責任開始的概念，反而會有使人難以理解或誤導放任的含意（這也是「以學生為中心」之教育理念易遭誤會之處）。

其實，「教學創新」是任何教學要能激發學生學習動機都應使用的方法，不是九年一貫課程所獨有；「大手牽小手」亦然，任何教育無不是傳承的結果；至於「丟開書包看雲去」，並不足以解釋自然主義的教育理念，因為任何教學都必須有時要丟開書本看雲的要求，但純看雲卻絕不能達成任何教育的目標。

故此我們現在談九年一貫教育，務必還是要回歸到人性化、現代化及效率化的教改主題，然後把目前九年一貫的課程內容詳細檢視，去蕪存菁。因為：(1)基本上教改仍應是我們任何人皆一致同意為國家適應世界潮流所必須推動的措施；(2)教改及九年一貫課程無論如何已累積了不少人的精力心血（即使是負面的，也應有對照參考的意義）。故有人說，教改的列車已然開動，我們絕不可走回頭路。

但於另一方面來說，在教改的路上，我們現在正處於十字路口的階段，如何抉擇再往前行確是很有思考、斟酌的必要。接著我們要提出一些較接近實務，或可供參考的意見及看法。

第五章

課程設計與教學實務

一、課程統整

　　九年一貫課程之十大基本能力、七大領域及六大新興議題的結構實在是相當繁複。但為了要了解本課程的基本所需,在十分複雜、盤根錯節的結構之下,我們還是要把頭緒整理出來,才能依照其中脈絡再作進一步討論。茲再將九年一貫課程內容的三項要素:十大基本能力、七大領域及六大新興議題,以「九年一貫課程結構圖」將整體輪廓大致表達出來(圖見下頁),然後再參考因為強調「學校課程自主」,引申而產生的「學校本位課程」,以及因配合「學校本位課程」而有的「課程統整」及「協同教學」,逐步加以說明解讀。

　　九年一貫的相關名詞實在太多,而且多數既新又玄;要了解一個概念已非易事,要理清楚其彼此的關係更是相當的困難。因為順應時代潮流,教育必須作更人性化、現代化及效率化的改革;因為調整過去「以教師為中心」的威權教育模式,教育必須變更為「以學生為中心」的做法。於是從「教育鬆綁」做起,要求每一位學生都有接受完整「全人教育的機會」。

　　故此,舊時的分科教學(只重特殊科目的吸收)重新組合成為領域教學(並重學科知識與生活的結合,貫徹生活即教育,亦即學習為以知情意行合一來達成德智體群美兼備的全人

六大新興議題

生涯發展教育　人權教育　家政教育　資訊教育　環境教育　兩性教育

十大基本能力

培養欣賞、表現、審美及創作能力
培養表達、溝通和分享的知能
促進文化學習與國際了解
運用科技與資訊的能力
培養獨立思考與解決問題的能力

增進自我了解，發展個人潛能
提升生涯規劃與終身學習能力
增進規劃、組織與實踐的知能
激發主動探索和研究的精神
發展尊重他人、關懷社會、增進團隊合作

七大學習領域 主題軸	語文			健康與體育	社會	藝術與人文	自然與生活科技	數學	綜合活動	理性（非學習領域）
	本國 國語文	鄉土 語文	英語							
	注音符號應用能力 聆聽能力 說話能力 識字與寫字能力 閱讀能力 寫作能力	聆聽能力 說話能力 識字與寫字能力 閱讀能力 寫作能力	語文學習 語言能力 學習英語的興趣與方法	生長、發展 人與食物 運動技能 運動參與	人與空間 人與時間 演化與不變 意義與價值 自我、人際與群己	探索與創作 審美與理解 文化與理解	過程技能 科學與技術認知 科學本質 科技的發展 科學態度 思考智能 科學應用 設計與製作	數與量 圖形與空間 統計與機率 代數 連結	認識自我 生活經營 社會參與 保護自我與環境	保留由學校自行運用之彈性學習節數

圖 5-1　九年一貫課程結構圖

（資料來源：參考黃嘉雄，民 91）

精神）；並將教育權由中央下放到學校，使學校及教師更有施教的自主權，俾能更因地制宜，在教學上更可深入，「帶好每一位受教的學生」，而達成學校「以學生為中心」的要求。

於是，我們有必要再稍闡明「學校課程自主」的精神，以及「學校本位課程」的內涵，然後再往下討論有關的實務問題。

因為教育鬆綁，政府將教育權下放，學校無疑是處於承上啟下的關鍵地位，從以往一切依規定，只是單純將上級要求的制式教育內容往下遞送的仲介角色，到現在變成需要自己將政府交下的十大能力、七大領域、六大議題先作一番課程統整後才能組成適當教材教授學生的生產者角色。也就是說，政府以九年一貫課程綱要表達的只是一種半成品的概念，必須由學校再予加工，才能成為可用的精品。以學校為中心的課程自主應就是這個意思。

課程的自主統整還應該分為三個層次；第一個層次，可以說就是九年一貫課程綱要裡首先把分科的課程改變整合成為較可以與生活結合的領域課程；第二個層次，是學校承接領域課程後再因地制宜，把自己的特色適當地與課程內容再作細部統整組合，以求本校課程產品能夠顯示出更為豐盛的多元表現；第三個層次，則是教師在授課過程中能夠避免抱殘守缺、照本宣科，而可以在自己任教的科目中擷取其他科目的互相共通對比，或各個教師之間的專長支援，而使課程更可以收到觸類旁通、學生更能收到意義認知學習的效果。

　　第一層的領域課程整合，我們在前文多處均已有所闡述，意即是分科課程可能易流於把應為生活工具的知識，誤以為是學習追求的最高目標，讀書求學只為考試及升學，學生一個個變成活動書櫃，失卻個人在多元學習薰陶中可以自我發展成長的機會，在此不再重述；而第三層教師間的課程整合教學，是一個較關係到由課程整合之後產生的「協同教學」的問題，後文中將有專節論述；在這裡我們要先來討論的，是第二層有關「學校本位的課程統整」到底是怎麼一回事。

　　課程統整使學校增加了權力，相對的也增加了責任。這在中小學教育上是一種改革的做法，但以我們整個教育系統來說，其實大學及幼稚園教育早就已採用類似的課程設計。例如大學依領域分作幾個學院，各校的各學院所包含的學系結構都不盡相同，甚至學院名稱都不一致。大學教師教學都沒有所謂標準本的設置，甚至課程科目名稱也很不一致。如心理學可屬文學院、社科學院，也可屬理學院；名稱可依其他知識領域而有教育心理學、商業心理學、犯罪心理學、社會心理學、知覺心理學等，均是領域、學科統整的結果。教學也可以有時一班分為幾個小組，或數位教師共教某班某一堂課程。這些統整及協同的結構在幼稚園階段的課程亦有類似的現象。故真正檢討起來，課程統整本就應是學校教育的常態，只是我們國內的中小學校在長期傳統集權式領導的因循之下，向來便較缺乏「自我」的意識，現在突然予以鬆綁釋放，要求學校去找回那個叫做「自我」的東西，一時恐仍難適應。

　　故現在學校所要做的，應就是逐步加強本身真正成為一個獨立而有特色的學校的能力；也就是說在「學校本位」的意識之下，認清將來學校自己就是教學的基本主體，可以在政府的一些教育綱領方針之下，考量本身內在條件及外在環境，結合學校教師的才智力量，共同打造出一套最能適合本校學生的課程教材，達成給與學生最佳「全人教育」心身學習成長的機會，就是學校本位課程統整的精神所在。

　　但可惜的是似乎我們的九年一貫課程綱要並未將有關概念很清楚的表達出來，而同時亦未考量到國中小各校因向來缺乏鬆綁自主的經驗，不少有關的配套措施未能由政府提供參考，大家就只好各自摸索著前行，引致發生了很多學校都在作「嘗試與錯誤」的應付辦法，人人摸著石頭過河，怪不得有人說教改幾乎把大家都當作白老鼠來處理了。

　　譬如由於學校本位課程統整的結果，今後課程的自主既已成為每個學校基本的權利與責任，學校課程委員會的設置就是必要的配套措施；但課程委員會到底是什麼樣的一個組織？負責做些什麼事？我們的九年一貫課程綱要中雖然提及要求成立的必要，卻語焉未詳，也未舉實例；讓各校自行去解決問題，就容易引起內容南轅北轍、功能掛一漏萬的結果。我們曾經檢視了十多所國中小目前擬出的課程委員會設置辦法，似乎問題都還不少；在看過之後，乃覺得或應試提出一份較完整的辦法草案，希望能供作學校在斟酌實況、訂立類似條文辦法時參考使用。

○○縣（市）立○○國民中（小）學課程發展委員會設置辦法（草案）

一、○○縣（市）立○○國民中（小）學（以下簡稱本校）依據教育部頒布「國民中小學九年一貫課程綱要」及「○○縣（市）國民中（小）學課程發展委員會組織與實施計畫」之規定，設置本校「課程發展委員會」（以下簡稱本會）。

二、本會下設「各年級課程小組」及「各學習領域課程小組」，由各年級與各領域全體教師分別組成；研擬各年級及各領域之有關課程規畫事宜。其組織辦法另訂之。

三、本會設委員十七至二十三人，會議決定全校有關課程事宜。委員均為無給職，其組成方式如下：

　㈠學校行政人員代表：校長（兼主任委員）、教務主任、訓導主任、總務主任、輔導主任及教學組長。

　㈡年級領域教師代表：各年級代表共六（三）人及各學習領域代表共七人。均由各年級及各學習領域教師互選產生。

　㈢家長及社區代表：家長會及社區人士代表一至七人，由家長會推選之。

四、委員任期：

　本會委員任期為一年，自每年八月一日起至次年七月三十一日止。學校人員以所擔任之職務為擔任委員之要件，代

表離職以接任人選繼任之；家長會及社區代表因故離職時由家長會補推選，其任期均至原任期屆滿之日止。

五、本會任務：

㈠充分考量學校條件、社區特性、家長期望、學生需要等相關因素，結合全體教師和社區資源，發展學校本位課程，並審慎規畫全校總體課程計畫。

㈡審查各學習領域課程計畫，內容包含：「學年／學期學習目標、單元活動、相對應能力指標、時數、備註」等相關項目，且考慮融入有關兩性、環境、資訊、家政、人權、生涯發展等六大新興教育議題。

㈢應於每學年（期）開學前一個月，擬定下一學年（期）學校總體課程計畫。

㈣審查各學習領域之自編教科用書。

㈤議決各學習領域之學習節數及彈性課程學習節數。

㈥議決應開設之選修課程。

㈦審查各學習領域課程小組之計畫與執行成效。

㈧負責課程與教學的評鑑，並進行學習評鑑。

㈨規畫教師專業成長進修計畫，增進專業成長。

㈩審核本會「年級課程小組」及「學習領域課程小組」之決議事項。

�其他有關課程發展事宜。

六、本會每學期至少開會兩次。

七、本會會議由主任委員召集，然如經委員二分之一以上連署

召集時，得由連署委員共推一人召集之，並應於開會時公推一人擔任臨時主席。

八、本會開會時，須由應出席委員二分之一（含）以上之出席方得開議。需有出席委員二分之一（含）以上之同意方得為決議。

九、本會開會時視事實需要得邀請專家學者及相關人員列席諮詢。

十、本會之行政工作由教務處主辦，相關單位協辦。

十一、本辦法經校務會議通過後實施，修正時亦同。

以上所舉為學校課程運作上規章配套的一個參考樣本。但課程的進行實際上可說是整個學校行政動力的最基本來源，錯綜複雜，牽涉甚廣，當然不能以一份「課程發展委員會設置辦法」就可以規範解決所有問題。例如接下來在「九年一貫課程綱要」中規定了在課程發展委員會之下，還要再設置「各學習領域課程小組」。

不過關於各學習領域之課程小組的設立，「九年一貫課程綱要」卻又未說明其性質是課程發展委員會的事務單位，或是由教師組成之教學單位，或由委員會各委員選擇參與之研究單位？各校目前都莫衷一是，但傾向似是以由領域教師組成之教學單位為主（如此則類似科系辦公室，但科系辦公室如何會是課程發展委員會的從屬單位？），我們亦就暫在以教師組成之教學單位的原則下，擬出一份「國民中小學各學習領域課程小

組設置要點草案」供為參考。

○○縣（市）○○國民中（小）學各學習領域課程小組設置要點（草案）

一、依據本校「課程發展委員會設置辦法」第二條規定，特訂定本「各學習領域課程小組設置要點」。

二、各學習領域課程小組（以下簡稱各小組）分成語文、健康與體育、社會、藝術與人文、數學、自然與生活科技及綜合活動七個小組。

三、本校專任教師皆視任教屬性，分別為各領域小組當然成員，各小組置召集人一人，由該小組教師共同推選之。

四、任務

　㈠各小組每學期至少召開會議二次。

　㈡規畫所屬學習領域課程計畫。內容包括「學年／學期學習目標、單元活動、相對應能力指標、時數、備註」等相關細目。

　㈢依照學校願景、教育目標、學生發展、社區需要、學校特色等擬定各學習領域能力指標及分析各能力指標之細項。

　㈣參與評選所屬學習領域之審定教材或教師自行研發之學習教材。

　㈤規畫跨領域課程統整並進行協同教學實驗。

㈥擬定所屬學習領域之多元評量方式與標準，作為實施教學評量之依據。

㈦擬定所屬學習領域教師之教學評鑑指標，作為實施教學評鑑之依據。

㈧辦理其他有關領域課程之事宜。

五、各小組會議記錄及有關決策文件均應送課程發展委員會審核備查。

六、本設置要點經本校課程發展委員會及校務會議通過後實施，修正時亦同。

此外，課程的事務千頭萬緒，鬆綁之後，政府不再統一編定標準教科圖書、各領域使用的課本可由各校各領域各教師自行研發編製，也可由學校選購出版商編印而經政府審定的課本。但這又牽涉到自編或選購的課本是否品質良好、適合本校學生使用的問題，影響學生權益甚大。

故此，如何審查自編或選購課本，勢必又要有一套完整而嚴謹的辦法，我們在這裡也舉出一個學校選購教科圖書的辦法草案，供作基本上的參考。至於自編教科圖書在近期內或者實例上不會太多，審查事務似暫可由各學習領域小組及學校課程發展委員會來處理。

○○縣（市）○○國民小學教科圖書選購辦法（草案）

壹、依據國民教育法第八條之二及○○縣（市）「辦理國民中
　　小學審定教科圖書選用採購作業注意事項」辦理。

貳、目的

　一、遵照教科圖書開放選用政策，促進教育正常發展。

　二、滿足學生學習之需要，配合學校本位特色發展需求，建
　　　構學校共同願景。

　三、促使課程內容靈活化且能反映社會價值取向。

　四、發揮教師專業，提升教學效果，達成教學目標。

參、辦理原則

　一、民主原則

　　　力求民主參與，秉持公平、公正、公開之服務原則。

　二、專業原則

　　　秉持教育理念，尊重教育專業自主。

　三、連貫與適用原則

　　　教科圖書之選購應廣泛考量學生學習之需要、學校本位
　　　特色發展、教學效果之提升及教學目標之達成等向度，
　　　並注意教材之完整性、連貫性與適用性，俾利學生學習
　　　發展與教師教學之進行。

　四、適法原則

　　　教科圖書之選購應以教育部審定合格，領有執照（未逾
　　　期限）之教科圖書為選用對象。並於選用教科圖書時，

不得要求出版商贈送商品，對於出版商隨教科圖書所附贈之教具或教學媒體，應確認其為與課程或教學內容相關。

肆、評選組織

　　本校依教科圖書評選階段成立「各領域（學科）教科圖書評審小組」及「教科圖書選用委員會」，分別負責第一階段教科圖書初選作業及第二階段審核、決議作業。其組織成員如下：

一、各領域（學科）教科圖書評審小組

　　由各領域（學科）召集人召集該領域（學科）專任教師，組成評審小組，提列採購清單供教科圖書選用委員會評選。

二、教科圖書選用委員會

　　由教務主任擔任召集人並為當然成員（教務主任因故無法擔任召集人時，由校長指定適當人選擔任之）；其他成員應含下列人員各類至少一名，成員名單由教務處簽請校長核定之。

㈠教學組長或設備組長。

㈡各領域（學科）召集人或學年（或年段）代表以及對有關該教材、教法有深入研究之教師。

㈢除前述人員之外，得邀請家長會代表擔任選用委員；教科圖書選用委員會開會研商時，得邀請學生代表列席。

三、參與各版本教科圖書編審或試用之教師，不得擔任前項
　　教科圖書選用委員會委員。

伍、教科圖書評選作業注意事項

一、為利於了解、比較各版本教科圖書之差異、長短處，及
　　適用性之評估，於各領域（學科）評審小組及教科圖書
　　選用委員會正式實施評選作業前，應由教學組協助辦理
　　教科圖書說明會（時間、地點由教學組商訂公布）。辦
　　理教科圖書說明會注意事項如下：

　　㈠辦理教科圖書說明會前，教學組應聯絡書商提前將教
　　　材送至本校，供教師同仁參閱。

　　㈡教師參加教科圖書說明會後，由各該領域（學科）評
　　　審小組召集人召集小組成員進行教科圖書評選作業，
　　　每位小組成員須填具教科圖書評選表，經召集人彙整
　　　後，交教學組轉送教科圖書選用委員會審查，決議。

　　㈢為因應新課程教科圖書市場變化，各領域（學科）除
　　　評選第一順位版本外，應另評選第二、第三順位版本
　　　備用。

二、評選過程應以公開方式進行，其時間應於開會前三日公
　　布週知。

三、在評審小組召開教科圖書評審會議前，召集人應請各該
　　科任教職務相關之教師蒐集數種審定合格版本教科圖書
　　及相關資料，並作成建議書或評選資料，在開會前薦送
　　教科圖書選用委員會。

四、評選教科圖書過程應採合議制方式，由選用委員會共同決定，並列入記錄併同提列書單，提報校長（或校務會議）核定後辦理。評選結果之變更或部分異動亦同。

五、教科圖書之選用，應以教育部核定公告之教學科目為限，同一年級同一科目於同一學年內，以採用同一版本之教科圖書為原則，不得強迫學生再購買其他版本教科圖書。

六、選用教科圖書時，應注意學生學習的連貫性、教師授課使用是否能發揮教師專業、是否能配合學校願景及書商是否能夠永續經營等主客觀條件。教科圖書一經採用後須按低、中、高年級階段至少使用兩年，除特殊情形外，不得變更版本。

七、教科圖書評選作業應配合縣（市）府業務單位之採購時程，並應遵守「採購人員倫理準則」規定，秉持超然公正原則辦理選購工作。除新開放申請執照中之版本科目外，各科版本應依縣（市）府規定期限完成評選結果，並將相關記錄彙整報請縣（市）府業務單位彙辦。

八、教科圖書選用過程應以書面做成記錄，經提校務會議通過（或備查）後，視同公務文書專案存檔至少五年備查，未依規定辦理者列入校務重大缺失，並依其情節追究相關人員疏失責任。

陸、本辦法經校務會議決議通過後實施，修訂時亦同。

（資料來源：參考基隆市暖江國民小學辦法）

二、協同教學

隨著「課程統整」，接下來我們要討論的就是「協同教學」的問題。

協同教學其實從人類有教學活動就已存在，亦即凡是由兩位以上的教學人員分工合作，共同策劃及執行特定教學活動的方式，都可稱為協同教學。

如前述因為教育鬆綁、課程統整的關係，學校的課程會趨向更活潑化的表現。教師授課時也獲得更高自主的權力，乃有更多可以進行教學創新的機會。課程內容豐富，教師應更努力嘗試以各種不同的形式來進行多樣化的教學；協同教學就是一種使學生可以收到更有意義的學習結果的方法。協同教學的樣式甚多，主要在能結合不同教師的個人專長，在同一課程活動內能發揮最大的教學效益。其大致可以分為下列四種進行的模式：

㈠班群教學

由多班級、多位教師組成教學團隊，教師可針對課程設計、教具製作、教學活動、評量等進行分工，並進行跨班級的指導。

㈡循環教學

在同一領域或科目的教學中，由多位教師分工，教師群對於參與循環教學的各班級，輪流進行固定領域、固定單元的教學與指導。

㈢交換教學

由二位或多位教師依專長之不同，就領域科目或單元交換班級教學，以彌補自身之不足，並增加教學活動之多元性。

㈣能力分組教學

將若干班級學生混合，依學生能力或程度差異進行分組，教師分工依各組學生的不同需要，進行適性的指導，以適應學習型態或發展速度上的個別差異。

以上分類方式及實施模式僅供參考，協同教學的實施原無須拘泥某種固定形式，教師應以課程及教學的實際需要為考量，進而協調如何共同進行教學活動以達教學目標（教育部，民 92）。

以下舉出兩個協同教學的實例，或可為國中小教師在擬定教學活動時的參考。

例一：數學領域的班群單科協同教學，教師分工撰寫課程計畫

領域／科目：數學　　　　　單元進度：①我會數到 200
年級：國小二年級上學期　　　　　　　②二位數加減法
教科圖書：牛頓　　　　　　　　　　　㈠和㈡
授課教師：二年級教師　　　週次進度：一～六
　　　　　　　　　　　　　撰寫教師：劉玉珍

本進度（單元）學習能力指標：
1.數與量：數與計算 N-1-1，N-1-2，N-1-3；關係 N-1-14，N-1-15
2.代數：A-1-1
3.連結：察覺 C-R-1，C-R-2；轉化 C-T-1，C-T-4；解題 C-S-5；
　　溝通 C-C-1，C-C-3，C-C-5，C-C-6，C-C-8

週次	一～三
單元	我會數到 200
主題	數與量
課程內容	1.認識 100 個 1 聚成 100，及 100 與 10 的化聚。（N-1-2，C-R-1，C-C-1） 2.以 100 為起點，逐次累加一，或累加十，建立 200 以內的數詞序列。（N-1-1，N-1-2，C-C-1） 3.進行讀、寫 200 以內的數。（N-1-1，C-R-1，C-R-2，C-C-1） 4.用具體物與 200 以內的數做對應。（N-1-1，C-R-1，C-C-1） 5.進行 200 以內數量的合成和分解。（N-1-1，N-1-15，C-R-1，C-S-5，C-C-1，C-C-3，C-C-8） 6.認識奇數和偶數的不同。（N-1-1，C-R-1，C-R-2，C-C-1，C-C-3） 7.比較 200 以內數的大小。（N-1-1，C-R-1，C-C-1，C-C-3）

作業及評量	會做什麼 ◎（形成性評量）	◎一張百格板是由 100 個白色積木排成的，了解 10 個 1 就是 1 個十，10 個十就是 1 個百。 ◎從 100 為起點數起，能說出再加 1 個白色積木是多少？再加 1 條橘色積木是多少？ ◎能讀出數字的數詞，並用阿拉伯數字寫出 200 以內的數字。 ◎練習 200 以內的數詞、數字與具體物的對應連結。
	要達到的水準 ☆（總結性評量）	◎透過情境圖，操作積木進行點數或累加積木或拿走積木後，得知正確數字。 ◎用分分看方式把 2 個 2 個為一堆，說出奇數和偶數的定義。 ◎能比較 200 以內兩數、三數的大小。 ☆在各種情況下純熟寫、數 200 以內的數。 ☆使用任何具體物操作 200 以內數量的合成和分解。
教學活動	活動方式	1.學生各自利用數字卡複習 100 以內的數。 2.進行 2 個一數、5 個一數、10 個一數到 200 的活動。 3.分成 3～5 人一小組，分工合作輪流拿出 1 條橘色積木條擺置在百格板上，推移計數 10 次，了解 10 個十就是 1 個百。 4.進行累一、累十數數的活動。 5.遊戲：眼明手快。
	教學資源	課本、習作 數字卡 百格板 白色積木、橘色積木
重大議題		
學校行事		八月二十八日開學日　八月三十日學校日

週次	三～六
單元	二位數加減法（一）和（二）
主題	數與量，代數
課程內容	1. 能用算式填充題記錄二位數加二位數的不進位併加型，添加型問題的解題活動及解題過程。（N-1-3，N-1-14，N-1-15，A-1-1，C-R-1，C-T-1，C-T-4，C-S-5，C-C-1，C-C-3，C-C-5，C-C-6，C-C-8） 2. 進行用算式填充題記錄二位數減二位數不退位拿走型、比較型的分解問題。（N-1-3，N-1-14，N-1-15，A-1-1，C-R-1，C-T-1，C-T-4，C-S-5，C-C-1，C-C-3，C-C-5，C-C-6，C-C-8） 3. 認識加減法算式中的「被加數」、「加數」與「和」，「被減數」、「減數」與「差」。（N-1-14，N-1-15，C-C-3，C-C-5） 4. 能用算式填充題記錄二位數加二位數的進位併加型，添加型問題的解題活動及解題過程。（N-1-3，N-1-14，N-1-15，A-1-1，C-R-1，C-T-1，C-T-4，C-S-5，C-C-1，C-C-3，C-C-5，C-C-6，C-C-8） 5. 體驗加法交換律。（N-1-14，C-T-4，C-C-1，C-C-3，C-C-5） 6. 進行用算式填充題記錄二位數減二位數退位拿走型、比較型的分解問題及解題過程。（N-1-3，N-1-14，N-1-15，A-1-1，C-R-1，C-T-1，C-T-4，C-S-5，C-C-1，C-C-3，C-C-5，C-C-6，C-C-8） 7. 能用不同的想法，檢驗答案的合理性。（N-1-14，N-1-15，C-S-5，C-C-8）

作業及評量	會做什麼◎（形成性評量）	◎知道問題的意思，說出自己的算法，並寫出兩種不同的解題方法。 ◎說明並記錄二位數的不進位及進位併加型、添加型問題之解題過程。 ◎說明並記錄二位數減二位數不退位及退位拿走型、比較型問題之解題過程。 ◎會依照題意列出加法、減法算式。
	要達到的水準☆（總結性評量）	◎了解兩算式中「被加數」的改變，但答案是相同。 ◎老師列算式，請小朋友依算式練習寫出情境題。 ☆迅速並準確記錄二位數的不進位及進位併加型、添加型問題之解題過程。 ☆迅速並準確記錄二位數減二位數不退位及退位拿走型、比較型問題之解題過程。
教學活動	活動方式	1.師生共同討論是否還有別的方法，找出較理想的解題方法進行不同的解題。 2.了解題目的意思後，由小朋友各自發表自己的記錄方式。 3.會用積木方式進行二位數加二位數，二位數減二位數的問題。 4.老師介紹算式中各數的名稱。 5.老師指導小朋友檢核自己的情境題是否符合算式。
	教學資源	課本、習作 錢幣、花片 白色積木、橘色積木 小白板、白板筆
重大議題		
學校行事		九月十一日中秋節

（資料來源：台北市靜心小學劉玉珍老師）

例二：健康與體育領域之循環協同教學

⎯⎯⎯⎯⎯⎯⎯⎯⎯⎯⎯⎯⎯⎯⎯⎯⎯⎯⎯⎯

㈠領域組成份子（專業背景）：

健康（甲老師）

體育專長田徑（乙老師）

體育專長球類（丙老師）

體育專長舞蹈（丁老師）

㈡授課時數：每週授課三節課

㈢授課年級：七年級（國中一年級）

㈣班級：六班

㈤協同教學方式：循環教學

㈥排課方式：

1. 將健教部分抽離，每週一節全部由甲老師擔任，健教老師仍應充分了解該組群體育部分上課內容，使課程統整的理想得以實現。

2. 體育部分分為二組；1-1、1-2、1-3 班一組
　　　　　　　　　　　1-4、1-5、1-6 班一組

3. 每一組排課，乙、丙、丁老師科課表不得重複以利教師進行循環教學，以每一段考為範圍進行換班教學。

4. 此課程安排能否實現，除該校行政與該領域老師應充分溝通外，課發會、教師會、家長會積極參與，並勇於提出建言，藉以消除改革之惰性。且該構想應於暑假前規畫完成。

優點：促使教師專長充分發揮，每班學生可獲得田徑、舞蹈、球類等多項課程之學習，教師備課時間減少，教學績效將更為彰顯。尤能展現該領域本位課程之特色。

缺點：部分教師仍缺乏協同習慣，尚待觀念溝通。

⎯⎯⎯⎯⎯⎯⎯⎯⎯⎯⎯⎯⎯⎯⎯⎯⎯⎯⎯⎯

（資料來源：桃園縣楊梅國中許火獅主任）

三、家長走進校園

　　教育鬆綁之後，教育強調「以學生為中心」的教學取向。於是與學生受教關係最密切的學校、教師及家長的角色功能都需要調整。學校要負課程統整的責任，教師要認真思考教學創新，把以往一人閉關自守或單打獨鬥的做法，盡量改變為自編或調整教材，須使用協同教學來活潑課程的內涵及多樣性。至於家長，在舊時的概念似乎是一個相當消極的角色，把孩子送到學校之後好像就沒有什麼事可做了。學校雖有家長會的設置，也好像只負責：⑴徵收家長會費，然後在特定需要時對學校作一些經濟上的支援（如學校慶典或購買部分教學設施）；以及⑵接受學校的指導，支援學校的活動（如跟著校長共同向政府要求某項補助）兩項主要的工作。

　　家長這種消極角色的扮演可能與舊時一般家長的知識程度較偏低有關。現在到了二十一世紀，整個社會的知識程度已大幅提高。教育改革要求品質的改進，教育鬆綁要求權力下放；學校及教師都已面對了權力與責任同時加重的挑戰；而家長亦同樣不可避免的必須將舊時「只要把孩子交給學校就好了」、把自己視為教育體制外的角色的觀念，作相當的調整。這種調整，不但重新定位了家長在學校教育中的身分功能，當然也影響到家長與學校及教師互動的微妙關係。

這要從法規政策的演變及社會實質的需要兩方面來討論。

㈠法規政策的演變

舊時不但家長把自己視為教育的局外人,學校及教師大概也把家長視為外行人看待。但隨著全民知識的提高,一則現代社會家長擁有高等學歷者已比比皆是,二則社會上人民權利義務的觀念已有重大的改變。例如舊時國民教育法第四條規定「國民教育,以由政府辦理為原則。」國民教育權由政府一把抓,即使私人興學也是以建立學校教育為準。但到了最近,教育基本法則有了相當的改變,如第八條第二項已有「國民教育階段內,家長負有輔導子女之責任;並得為其子女之最佳福祉,依法律選擇受教育之方式、內容及參與學校教育事務之權利。」以及第十四條「人民享有請求學力鑑定之權利。」基本上即已承認了家長有選擇子女教育方式的完全權力,並甚至有可以在家自行教育子女完成學業(在家自學)的能力。

當然在家自學並非人人可為,而且流弊亦不少(如隱藏之虐待兒童問題)。但起碼,現時社會家長知識程度的提升及學生與家長權利的日受重視已是不爭的事實,教育既以學生為中心,而家長由於親權的存在乃為學生當然的監護人及代理人。為學生的最佳福祉計,我們就算不大力鼓勵學生在家自學的情況多發生,起碼家長應多參與學校有關事務的運作,俾收到對學校教育的協助與監督的功效,也是很自然合理的發展趨向。

　　故近年來有關的教育法令都逐步引入較多類似的觀念。除教育基本法規定了家長的教育選擇權及參與權之外，如國民教育法亦已規定校務會議及校長遴選委員會必須有家長會代表之參加。此外，各地方政府也已陸續訂定了「中小學學生家長會議設置辦法」等，作為家長與學校在校務互動工作上的參考；而各校目前的教師評審委員會、課程發展委員會，以及教科圖書選購委員會等亦開始依照有關法令（如教師法、九年一貫課程綱要等）紛紛納入家長會代表為當然委員，以協助校務之推展。

㈡社會實質的需要

　　在有關法令愈來愈肯定家長在知識水準上已大為提升，甚至已具有選擇子女在家自學的能力存在的情況下，父母仍選擇將子女送進學校後，這種父母對子女的教學能力，就更可結合學校的課程成為子女最好的全天候輔導教師的身分。這種學校教育與家庭教育密切配合的結果，無疑就是學生知識與社會、人權學習的最佳環境。

　　此外，舊時我國因經濟尚未發達，學校均依政府制式規定辦理，缺乏自行規畫硬體、軟體建設的能力；學校自校門、教室到教材幾乎千篇一律。而現在因經濟已進入開發國家之林，社會多元化的現象同時蓬勃顯現，各地區學校在多元的環境之下，要求學校特色的建立亦已成為現代教育的重要趨勢。特色

的建立無疑必須能深入地方鄰里，才容易表現出文化、生態的意義；要表現出深層文化的意義，就更必須結合地方各階層家長的豐沛人力才能底成。

故此，在時代潮流與社會需要的影響之下，家長參與及協助校務的運作已是必然的趨勢。但就如任何團體的權力結構變動一定會招致若干負面的效應一樣，家長對學校的影響既然與日俱增，原來並不存在的學校與家長意見相左，甚至對立的情況，也就難免會伴隨而生，例如家長會產生杯葛學校的人事權及過度介入課程實施或甚至教具採購之類。民主及分權，本來就一定會有香爐拜不完、神佛又太多的後遺症。

因應之道，恐怕還是存乎家長是否真正有協助改善教育的觀念。家長在被授與更多的權力之餘，亦必須同時了解到自己已有了更重要的責任，舊時置身事外，現在則應以合夥人及監督者的身分對學校、對教師及對學生都要建立更深刻的全新認知。

例如在對學校方面必須尊重整體「學校本位」的行政及課程結構，明白自己只是處於參與者及意見提供者的身分，而非行政決策者的身分；以免喧賓奪主，造成學校行政運作的困難。在對教師方面，固然目前家長亦多飽學之士，但學校教師畢竟都有其法定及實質上的教育專業素養的一定標準，亦有其不容任意侵犯的專業尊嚴存在；家長應隨時與教師多作親師之間的資訊聯絡以求更能明白自己子女的學習狀況，卻不宜對教學活動任意作太多的批評與干涉。另外對自己的子女亦應站在

「以學生為中心」或「以孩子為中心」的立場，對子女善盡生活及課業輔導的責任。要尊重孩子亦有其獨立的人格，故在人格成長上切忌以自己的意識型態強加在孩子的身上。在知識學習上不宜放縱漠視孩子的課業，也不可揠苗助長或越俎代庖把孩子的作業當作自己的課業來做（教師亦不宜不考量學生的程度而隨意出太深奧的作業），以免影響學童正常自然的成長。

　　教育鬆綁就是要把原先專屬於政府的教育權下放回歸到學校、教師、家長和學生本身，而教改及九年一貫教育的成敗卻是繫乎分權後學校、教師、家長和學生是否真能了解教改的意義及權力與責任平衡互補的合作表現。

第參篇

前景

第六章

快樂學習

一、學習與現代生活結合

二、追求卓越

一、學習與現代生活結合

九年一貫教育強調「課程統整」，課程統整的基本理論是當我們遇到問題或困惑而需要解決時，並不是利用學科中分化知識的部分，不是去問這個問題的哪一部分是語文的、哪一部分是數學的，而是將之視為真實生活中統合的整體。統整的知識使知識脈絡化，更易於接近，更有意義。許多研究者指出，將知識脈絡化，尤其是能與學習者的生活經驗密切結合，則學習更容易（歐用生，民88）。

故此九年一貫乃將舊時分科的課程改變為分領域的課程。這是因為現代的知識分科已有愈來愈細的趨向，為免知識支離破碎，產生各立門戶，抱殘守缺，學習者只知鑽研某一專門科目，反而失卻與社會結合，可以應用在生活上的能力。於是九年一貫課程乃將分科知識統整成為七大知識領域，甚至更進一步依學校本位的原則由學校再作領域間的整合。雖然各學科、領域之間應該整合到什麼程度容或爭議，但知識之必須與實際生活結合，卻已是大家可以共同接受的觀念。

學習本來就由生活的需要開始。我們前面曾提過，如嬰兒的學說話、學走路，就是由於生活的需要而自然學會，過程中不但不會有痛苦（可能偶有小挫折），而且總是充滿了趣味與快樂，終至圓滿學會這些生活上必須的技能。

　　但到了我們稍長學習其他的知識，情況就沒有那麼順利，從一進入學校開始，學習的苦難似就隨之而至；學校變成近似監牢的環境，而教師就變成代表折磨的象徵，求學成了無法避免又充滿痛苦的一條道路。為何會產生這樣的結果，可能由下列三項原因而來。

　　㈠我們提過，依照認知學習的知識建構過程，學習必須從意義開始，否則事倍功半。所謂意義，就是學習者以其舊有的經驗，對新經驗由知覺、辨別、理解等作用，從而發現新經驗對其舊經驗有擴充而形成新知識的結果。易言之，如果新舊經驗不能產生連結的意義，教師不能預先衡量學生是否已有擴充吸收新教材的能力，學習就只有壓力和痛苦，就譬如是學習者聽教導者講著一種他完全不了解的外語一樣，茫茫然而不可能有任何樂趣可言。

　　㈡我們亦曾提過，除了人的學習經驗不同之外，每個人又都必有其獨特的學習性向。有人學得快而稀鬆，有人學得慢而紮實。故為教師者絕不可任意判定哪一個人為不堪教誨或無可救藥，應該永遠不停地去找出最適合每一個學生的學習方向。愛迪生和愛因斯坦都曾經被視為低能兒，更多的例子是有某一項特殊才能者在另一方面卻是笨拙無比。如牛頓常弄不清楚自己是否已吃過午餐；而莫札特不善理財甚至無法打理自己的生活等。我們學校裡像這一類的學生當然也比比皆是，各有專長，正等待著教師予以發掘。心理學者葛納（Gardner, 1983）曾將小孩子的學習風格概要分為七類，可以作為教師及父母教

導時的參考：

　　1.**語文智慧型**：語文智慧型的兒童聽力及語言能力較強，記憶力也較強，喜歡閱讀及寫作，對說故事及發表個人意見興趣亦濃。這一類型的兒童適合多用說話、傾聽和閱讀來學習。

　　2.**邏輯—數學智慧型**：這一類型的兒童較長於抽象思維，對數字特別敏感，對自然現象常提出質疑。除了向成人提問之外，他們也喜歡自己做些實驗或使用電腦來解決疑惑。這類學生適合使用科學推理，自己可以思考驗證、找尋答案的探索方式來學習。

　　3.**空間智慧型**：這類兒童思考時，腦中似乎總有清晰的圖形影像出現，他們會注意到自己與四周環境的位置關係。掉了東西請他去找絕對沒錯；開車時他會帶路；房子裡布置改變時他第一個發現。這類兒童喜歡看電影、照片，喜歡玩拼圖、美術設計、積木、畫畫。機械等有關形體的教學材料最容易引起他們的興趣。

　　4.**音樂智慧型**：這類型的兒童音感特強，一聽到音樂，就會跟著節拍起舞或唱和，很容易學會唱歌或演奏樂器，更隨時都能表現出他們對音樂的欣賞能力。他們常能聽到別人不注意的聲音，如池塘蛙鳴或遠處的鐘聲，而且辨音能力也強。這類兒童，如以唱歌來學語文，效果極佳。

　　5.**肢體—動感智慧型**：這類型的兒童就是坐不住，動個不停，活力充沛。他們喜歡體能活動，打球、游泳、溜滑板，凡

是體力的活動他都有興趣。可以做高難度的身體迴旋動作，也可以做細緻的手工藝技巧，和人說話時也喜歡碰觸別人。這樣的兒童不妨考慮學習舞蹈、體操或表演等技能。

6. **人際智慧型**：人際智慧型的兒童可能天生就是帶頭的孩子王，通常具有憑感覺就了解別人的能力。所以他們最清楚所有人心裡的事，故也善於溝通、組織和操縱各種人際關係。這類兒童在合作式的課程學習——如探視養老院的活動等通常表現最好。

7. **內省智慧型**：與人際智慧型的兒童一樣，內省智慧型的兒童也屬於很有主見的類型，但不同的是他們較喜歡獨處。他們一般都對自己相當了解，對外界事物也有自己的看法，但不善與人交往，所以平時沉默，卻又易與人發生爭執。在學習上傾向獨自研究，交給他一件適當的工作，說明有關的過程及條件，他通常就會在一定時間內作出令人滿意的表現。

學生有這樣多元智慧的差別，則教師就應該在教學時對不同性向的學生宜有不同教法的準備，例如對學得慢的學生就應該多給他一些可以彈性運用的時間，以免其因落後而喪失了學習的興趣，而終至產生逃避學習的不良結果。

㈢在考慮了前兩項原因之後，可了解教育必須考量學生不同的個別差異才能真正收到有教無類和因材施教的教學效果。但前兩項原因可能仍屬於教學上的消極條件，而真正要做到使學生可以快樂學習，恐怕還需要有第三項的積極條件，也就是說——如何引發學生願意去學的條件。

　　如同前例，小嬰兒為何可以在很自然的情況下學會說話及走路，那是因為生活上他必須要會說話及走路，而且在學習說話及走路的過程中能一直獲得無比的滿足與樂趣。簡單的說，也就是幼兒在學習說話與走路時完全是自動的，而歷程中所產生的任何階段性結果都是可以百分之百滿足其好奇心與成就感的。亦即是說，這種學習的動機是十分充分的，而帶來的成就感也是十分完美的。

　　但稍長進入學校之後，兒童所面對的學習狀態卻是成百成千無限增加，於是選擇學什麼立即由自然的趨向變成困難的選項，學習過程中，挫折又紛至沓來。挫折一多，學習的方向再也不能確定，學習的動機也就消失無遺，再也沒有所謂學習的樂趣可言。

　　國內學者曾以台灣師範大學學生為對象，做了一個小型調查，要學生們以不具名的方式，誠實回答兩個問題：第一個問題是：根據你的求學經驗，哪一段時光最為快樂？答案為在小學、國中、高中、大學四者中選一。結果選小學者占 45%，選國中者占 16%，選高中者占 24%，選大學者占 15%。第二個問題是：根據你讀書的經驗，你的感受是：(1)愈讀書愈喜歡讀書；(2)愈讀書愈不喜歡讀書；(3)當學生只好讀書，談不上喜歡不喜歡。結果選(1)者占 29%，選(2)者占 8%，選(3)者占 63%。如將(2)與(3)總合推論師大學生的求學心態，十多年讀書經驗而並未培育出讀書興趣者，居然高達 71%。中小學讀書成功而得進入大學者求知興趣尚且如此，另外那些占多數的升學失敗

者，其讀書興趣就可想而知了（張春興，民 89）！

　　這種讀書興趣的逐漸減弱，應該就是入學前原屬於自發性學習的經驗，在入學後變成樣樣都是經由他人規定不得不學的強制性學習經驗的結果。入學前的學習乃基於滿足自己的動機需求而產生，故而是一種快樂的學習；而入學後的學習因為缺乏本身明確動機需求的理由，就容易帶來各種痛苦與失敗。

　　是故人類的教育應是內化性好過外鑠性的。一個學生只要願意去學，就自然容易學好一門知識；反之如果只是被迫去學，就一定是事倍功半的結果。因此一位認真教學的教師，也一定要了解到人的學習不應純是由上而下知識的灌輸，而應著重由下而上學習動機的探求與啟發。著名教育心理學家孔斯（A. Combs）即認為：「人是永遠有動機的，事實上，人在任何時刻都不會沒有動機。談到人的動機之有無時，只能說某些人會對他目前所面對的不願做的事缺乏動機而已，但絕不能說他們沒有動機（換了另一件事可能就立即有動機）。」這段話尤其對身為教師者富有啟示性。因為學生必有動機，只是教師要知道，學生的學習動機未必專注在他所教的科目上。因此，如何使學生的學習動機專注於其為學生所設定的學科上，乃是教師無可旁貸的責任，亦即是教學成敗的關鍵所在。另一位教育心理學家哈默柴克（D. Hamachek）亦說：「人本心理學的研究，旨在了解我們人類內在的心理歷程，……我們內在的需求、欲望、感情、價值觀，以及對我們人類行為表現原因的自我解釋……這也是教師們在教學時應先教學生認識他自己的原

因。」

這些話，在在都說明了現代教育所研究的，主要已回歸人類的內在心靈與動機；而此一研究重點用在教育上對教師的建議，則是教學生認識自己要先於教其讀書。因為，讀書求知的教育功用能否收到效果，實繫於學生能否把他對自己的知覺（指了解自己的需求和能力）和對學校教學的知覺（指要他學習的知識）連在一起。因此，教師在指導學生學習任何科目的任何單元之前，必須設身處地從學生的立場，教學生提出並嘗試回答：「我為什麼要學這些東西？」及「我能否學會這些東西？」兩個問題。只有學生認為學習是有意義和有價值的，而且也覺得自己有能力達到教師對他期望的程度，如此學生自然努力向學，不須什麼外力的強制，就會自動維持高度的學習動機。這樣動機性學習的結果，不但符合尊重人性的要求，而且在知識的吸收保留上，也顯然會有更好的效果。

學習應與生活結合，舊時分科教學或易使教師及學生產生知識隔離的結果，這也許就是九年一貫課程改採統整領域教學的理由。而且鼓勵協同教學，教師可以由數位共同或輪流教學，學生也可以做合班或分組聽講或討論等不同活動。如此則教師之間可以收到互相協助、觀察、切磋的好處，而學生經由活潑的互動過程，使其知識的增長更獲得了社會建構的效果（例如在問題討論中，各教師、學生各自提供的舊經驗，可以共同獲致新經驗——即新知識的形成）。九年一貫教育強調課程「以學校為中心」，教學「以學生為中心」，基本理由應即

為求使學生的學習能夠更自然和快樂。也就是說課程的實施，首先要考慮到學生的程度及個別差異，然後應盡量要求能與生活結合，俾能引起學生發自內心的學習動機，如此學習就不致有痛苦和障礙的可能。

二、追求卓越

　　教改的教育鬆綁，以及九年一貫課程的「以學校為中心」、「以學生為中心」，固然給了學校更多的主權以及給了學生更多學習的尊重，是一種學習回歸自然的理想做法。但如果從另一角度來看，鬆綁是否又會有放縱的意味存在？學校和學生是否從此會有怠惰教學要求和荒廢學業進步的情況出現？在「以學校為中心」方面，其實困難只在課程的整合以及本身特色的表現上，因學校教師均已有相當教課經驗，結構的改良如能在周全計畫之下逐步踏實發展，則應終可獲致圓滿的結果，我們或可不必太過擔心學校會怠惰的問題。但「以學生為中心」則屬於教學觀念的重大改變，也許還有再稍做釐清說明的必要。

　　這部分牽涉到我們是否可以如此樂觀地認為學生真的會自然自動學習，以及「以學生為中心」是否只知一味配合學生興趣，而這種沒有壓力的學習又是否會造成品質低落的問題。故以學生為中心的學習經常被質疑的問題大約有三：

㈠學生真的會有自動學習的傾向嗎？亦即自我充分發展真有可能嗎？我們前面亦曾討論到自我充分發展的理論基礎，其實凡任何生物無不有保護自己「完整性」的傾向，以及要求自己獲得最充分發展的傾向。從植物的向光、向水、背地性到小孩很有興趣地重複某一動作，都是這種性質的表現，而且練習一旦成功，便成了終身的技能或知識。因此只要學生是真的想學習，其實或連任何如分數高低等標準要求都不需要。心理學家馬斯洛把「自我實現」視為人生追求的最高目標，他認為一個人能夠達到自我實現理想的境界，成為超越自己及創造人類文化進步的領導人物，就絕不可能是在一般威權式、刻板式教育下的產物；而應就像一位詩人、一位畫家或一位科學家，就是要不斷的創作、不斷的研究，來使自己的發展達到最圓滿發揮的地步。

反過來說，舊時過分迷信獎懲效力的教育方式卻可能正是扼殺學生學習動機的殺手。因為太過重視功利的結果，一旦外在的條件不再，學生的學習興趣也就容易隨之消逝。這尤其在懲罰的使用上已有甚多的研究證據可以說明；懲罰的壓力雖然可收一時震懾的作用，但時間一過，威嚇壓迫學習的效果就會立即降低，可是懲罰的經驗卻仍然會留下，反而成為學生從中學到使用暴力的絕佳示範。

是故，學習仍應以學生的自動及適性學習為主。首要在設計課程使能配合學生的性向及學習程度，激起其學習的動機。然後一旦學生能夠毫無困難地自然學會修習的科目，上課就變

成一種快樂而能獲致成就感覺的活動。學生就會視教師為知心的朋友，學校是與朋友共享的樂園，每天都有新的樂趣與發現。在這種情況下，學生應不會有不繼續自動學習的道理。

㈡「以學生為中心」會因太將就學生而造成學生程度低落，甚至造成「反菁英」的教育現象嗎？倘若只顧及學生的自動學習意願，不對學生的學習使用壓力、逼迫的手段，學生固然學來輕鬆愉快，但久而久之，是否就會造成學生知識稀鬆的結果？固然一般受教育的機會因此而增加更為普及，但是否也同樣因為缺乏嚴格要求的緣故，能夠進入知識高深程度的學生就大大減少了？

關於此，或可以兩點理由來說明應不致有這種情形發生。理由之一為，如同前段我們亦提到馬斯洛的自我實現觀念基礎，乃由重視人人皆有自我充分發展的潛能而來，有心達成自我實現的學生，其實無論如何就是有學習的欲望。而以學生為中心的概念，固然要教師們隨時設法增進一般學生的學習興趣，使教育得以更加普及，尤其不可忽略一般及弱勢族群的受教者，使人人都有成為優秀人才的機會，但卻從沒有反要將本來就是菁英的學生往下壓制，使向程度較低學生看齊的意義在內。

理由之二為，以學生為中心的教育講求多給任何學生各種學習的機會，不但沒有任何反對學生自行多用功的壓制措施，反而因這種教育講求配合學生的性向來施教，在此原則之下，如果有智能特別傑出的學生就也應為其特別設計更能發揮其天

賦的學習課程。舊時教育比較重視制式統一的規定，學生必須
按部就班完成每一階段的學業，鮮少有彈性處理的可能。現時
的做法卻已大為放寬，不但須多加照顧有落後現象的學生，而
有特殊資賦者也因此同樣可以特別被安排進入音樂、藝術、科
學等學程或是跳級提早完成學業，都是學生為中心的具體表
現。

　　㈢最後一項疑慮則是以學生為中心固然在學生的知識學習
上有效，卻會不會因太偏重個人的獨特個性發展而帶來社會學
習的缺失？其實在人人皆有自我充分發展的潛能中，人格的充
分發展亦已包含在內。學習絕不是孤立的個人事件，而必然有
其社會意義在內。故以學生為中心的學習亦十分著重教學互動
的精神，例如在九年一貫課程綱要的十大基本能力已強調有溝
通、分享及關懷社會等課程目標，而九年一貫課程的領域教
學、協同教學等觀念，亦如前述實質上已包含了學習要與實際
生活結合的意義。而類似徹底推動以學生為中心教育者，如在
歐美等地的如夏山學校（summerhill school）等施行的結果，因
為學生受到平等的尊重，就可以使學生更能體會到自己確實是
學校一份子的感覺，學校是他們的，學校與他們的關係休戚與
共，每個人都應該無私地貢獻一己之力，在如此權利與責任薰
陶之下，學生在進入社會後也就能有更適當的人格成熟及人際
合作的優良表現（盧美貴，民78）。

第七章

多元評鑑

一、課程評鑑

　　九年一貫教育強調的是「以學生為中心」的教育。所謂以學生為中心的涵義，就是要照顧到「每一個」學生才能算數。照顧學生不能像灑一把米餵一群雞似地了事；而是要深入注意到每一隻雞是否都吃飽了，有沒有哪一隻雞因為是弱勢族群或是因有特殊的性向，以至於在看似公平競爭的灑米餵食方式中，反而不能吃飽。

　　人的性向需求變化較雞尤其要複雜得多；要求每一位學生都能達成全人教育的結果，多元教育就是必然的學習途徑。故在教育鬆綁之後，各所學校在學校本位的大前提下，都要講求本身特色的建立。教育思想不再定於一尊，多元教育的型態就開始逐漸浮現。

　　在舊時傳統式課程的規範之下，各學校都依照統一的標準課程授課；現時在學校本位多元課程的原則上，各校則可以依照課程綱要自行設計最適合自己學校的課程。當然各校自主發揮的程度會有所不同，但無論如何各學校間課程卻一定會有若干差異產生，也很可能出現課程品質參差不齊的現象。在這種情況之下，課程評鑑的需要亦就應運而生。

　　先說評鑑兩字的意義。所謂評鑑（evaluation），較早的取向是定義為「確定目標是否達成的過程」（Tyler, 1950），評

鑑的實施方法單純而權威，帶有非黑即白、生死立判的意涵在內。但在二十世紀稍晚以後，民主溝通的思潮興起，威權獨裁的做法沒落，較新的如史塔佛賓的 CIPP 評鑑模式等陸續出現，並逐漸為大眾所接受。所謂 CIPP 評鑑模式，其與傳統評鑑最大不同之處，即是改變一次評鑑決定一切的做法，而認為評鑑是一種評鑑者與被評鑑者可以溝通而且評鑑可以循環進行的模式；亦即「評鑑不應只是單純局限於評定目標達到之程度，而更應有為做決定者提供資訊，進而改革現狀的效果存在」（Stufflebeam & Shinkfield, 1985）。在九年一貫課程實施後，對各校將要進行課程評鑑的要求，我們教育部就指明了要參考史塔佛賓的 CIPP 評鑑模式來辦理。

　　CIPP 代表一個完整的評鑑內涵有四個評鑑步驟：即背景評鑑（context evaluation）、輸入評鑑（input evaluation）、過程評鑑（process evaluation）和成果評鑑（product evaluation）。

　　第一個「背景評鑑」是要了解被評鑑事項的預期目標方向，及其本身相應條件的自我分析是否正確。故可稱為「目標是否正確」的評鑑。

　　第二個「輸入評鑑」是要了解被評鑑事項因要完成預期目標而規畫投入的人力、物力的組織運用是否合理周詳。故可稱為「計畫是否周詳」的評鑑。

　　第三個「過程評鑑」是要了解被評鑑事項，目前正進行實施中的各項依計畫執行的細部方案處理是否妥當，品質是否無虞。故可稱為「執行是否妥當」的評鑑。

　　第四個「成果評鑑」是要了解被評鑑事項迄今到底得到什麼結果，整體在質與量上的收穫如何？評估之後提供給有關決策者作為這個受評事項的繼續推動、終止或做部分修正的參考。故可稱為「結果是否滿意」的評鑑。

　　CIPP 評鑑的進行模式可以圖示如下：

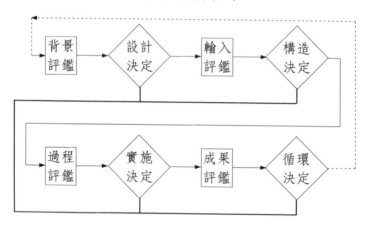

圖 7-1　CIPP 評鑑進行模式圖（資料來源：教育部，民 92）

　　如圖 7-1，方形內的背景評鑑、輸入評鑑、過程評鑑及成果評鑑為 CIPP 評鑑的四個評鑑步驟，評鑑內容已如前述。菱形方格內的設計、構造、實施及循環四項決定則為配合四個評鑑步驟。在每一評鑑步驟完成之後即相對要做：(1)受評事項的背景條件描述與目標方向是否正確，以及有無調整必要的設計決定；(2)組織人力、物力分配運用及問題解決是否妥當的構造決定；(3)改進有關執行程序的實施決定；以及(4)整體評估實施之後做成循環與否的循環決定。

　　CIPP評鑑的最大優點或有兩項：其一為將舊有只對受評事項作單純價值判斷的形式，改變為「不在證明而在改進」（not to proof, but to improve）的概念；協助決策者在四個評鑑步驟深入發現各種潛在的重要問題，終而可以分別予以因應。其二為評鑑的步驟可以連結成為循環的型態；亦即表明評鑑並非是單次完成的活動，而是經過檢討改進之後可以循環再作評鑑。總是給予改變的空間，而不輕言放棄，也更合乎人性而且是一種更能切實掌握資源運用效率的評鑑方法。在圖 7-1 的循環示意中，其實各步驟經過評鑑決定後，亦可逕自接入任一階段之評鑑，而不必一定要依照由背景、輸入、過程到成果評鑑之固定形式進行；而可由任一點評鑑視需要跳入另外之任一點進行較有關連事宜的評鑑；故其進行程序亦較舊式評鑑要靈活有彈性得多。

　　CIPP的評鑑模式基本上可以使用在各類政府、企業、學校等機構的績效評鑑上。近年來國內外學校因「學校本位」觀念的推動，所以亦多引用CIPP，認為其是較為理想的評鑑方式。CIPP在學校評鑑上可以進行學校整體包括所有部門的總評鑑，但亦可以針對教務、訓導、總務等任一部門作單獨的評鑑。除此之外，當然亦可只就某一課程問題作深入的評鑑。

　　以簡單的方式來說，如假定評鑑某校加強英語能力課程的推動是否適當，首先在「背景評鑑」上，我們要了解該校的此一課程目標是否並不突兀而有其正當性；例如該校目前並無其他更迫切需要解決的課程問題，而且該校位於較多外國人居住

的地區，學校師資經評估亦合適達成此一目標的要求。其次在「輸入評鑑」上，為配合此一課程的推動，該校有何人力、物力的組織調整？例如增設語言教室、補充有關的英語教材、鼓勵教師進修的實際辦法，以及編列經費舉辦英語朗讀、演講活動等，是否均稱合理，並無浪費或不周全的疑慮之處。第三在「過程評鑑」上，可能檢查各階段的推動進度是否迄今都如期完成，費用收支是否清楚，在評鑑訪視過程中是否可以感受到英語交流的氣氛存在等。至於第四在「結果評鑑」上，可以質量並重，一方面可參酌該校語言教室、教材等數量，一方面針對學生英語程度以抽測方式加以檢視，並可以晤談方式請教師及學生發表其對本課程的看法、意見。然後作成總結供給學校當局作為本課程繼續、停止或部分修正的參考。

　　當然學校本位的課程評鑑規模一定比這個小小的例子要大得多，故此我們的政府到底要怎麼來進行還有很多問題待解決，免得匆促間辦理反而又引致更多的後遺症出現。依教育部的說法，目前已委託國立教育研究院規畫一套完整的課程評鑑模式及其規準，可分為「教師教學」、「中央層級」、「地方級」、「學校層級」等四組，預定民國九十三年八月完成並實施。

　　不過，使用 CIPP 作為學校本位課程評鑑的主軸已定，我們可以近年來宜蘭縣舉辦過訓輔工作評鑑的CIPP架構模式（圖7-2）及流程（表7-1）作為一個可參考的實例。想來 CIPP 課程評鑑，在其共同的原則之下，其內容架構及流程應亦不致相去太遠。

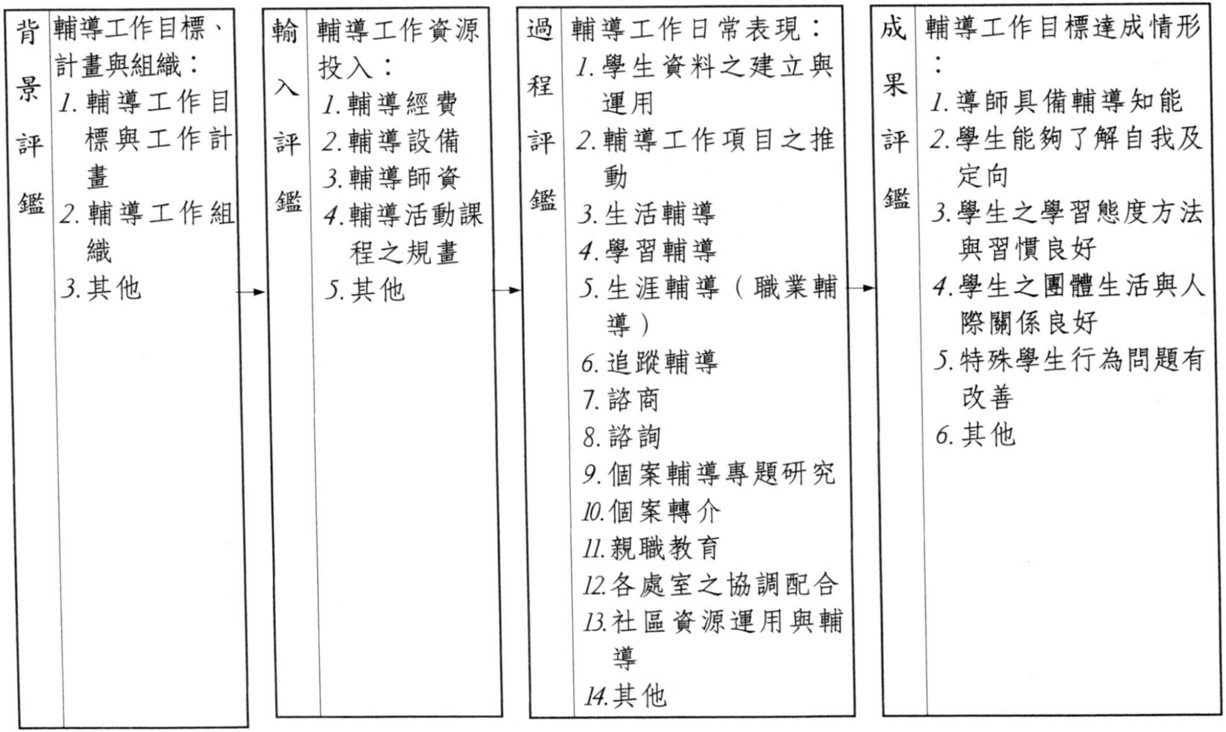

成果

輔導工作目標達成情形：

果評鑑

1. 導師具備輔導知能
2. 學生能夠了解自我及定向
3. 學生之學習態度方法與習慣良好
4. 學生之團體生活與人際關係良好
5. 特殊學生行為問題有改善
6. 其他

過程

輔導工作日常表現：

程評鑑

1. 學生資料之建立與運用
2. 輔導工作項目之推動
3. 生活輔導
4. 學習輔導
5. 生涯輔導（職業輔導）
6. 追蹤輔導
7. 諮商
8. 諮詢
9. 個案輔導專題研究
10. 個案轉介
11. 親職教育
12. 各處室之協調配合
13. 社區資源運用與輔導
14. 其他

輸入

輔導工作資源投入：

入評鑑

1. 輔導經費
2. 輔導設備
3. 輔導師資
4. 輔導活動課程之規畫
5. 其他

背景

輔導工作目標、計畫與組織：

景評鑑

1. 輔導工作目標與工作計畫
2. 輔導工作組織
3. 其他

圖 7-2　台灣省國民中學輔導工作評鑑架構圖
（資料來源：游進年，民88）

表 7-1　訓輔工作評鑑訪問評鑑流程表

時間	程序	評鑑委員工作	受評學校配合	備註
08:00-08:30	報到	評鑑委員到達各校	會場安排及引導	
08:30-09:00	簡報	評鑑小組召集人介紹評鑑委員、說明評鑑的目的與方式	各校長主持簡報，自評小組人員、導師及專任教師代表列席	
09:00-09:55	查閱資料	查閱資料、詢問學校有關人員	依評鑑項目陳列相關資料供評鑑委員查詢並接受訪問、說明各項措施內容	
09:55-10:10	茶敘		準備茶敘點心	
10:10-11:00	實地查訪	參觀學校各項設施及活動	有關人員陪同評鑑委員參觀各項設施及活動	
11:00-12:00	訪談師生	評鑑委員與各有關師生代表晤談，實際了解相關情形	安排參加訪談的師生及訪談會場	
12:00-13:30	午餐休息自由參觀	評鑑委員自由參觀校園及學生活動	準備午餐	
13:30-15:00	綜合座談	評鑑委員參加座談	參加簡報人員列席	
15:00	返程	評鑑委員離校		

（資料來源：游進年，民88）

二、學習評量

　　討論過課程評鑑，接著我們要討論「學習評量」（或稱教學評量）。學習評量與課程評鑑的關係可分兩點來說明，其一是有了課程，學生的學習活動因此而生；其二是「評鑑」與「評量」兩詞意義十分接近，主要功能都是在進行某項活動之後，要求了解其目標達成程度。

　　不過評鑑（evaluation）和評量（assessment）兩詞，在使用上仍稍有輕重分別。或可以說，「評鑑」含有價值判斷的意思在內；而「評量」則傾向單以量的評估為主，而不評斷該「量」的價值幾何；因不同之時空可能使該「量」有不同的價值解釋。

　　因為「以學生為中心」的教育理念，讓我們一定要重視學生的個別差異，希望能帶好每一個學生，使每一個學生都盡量能得到自我充分發展的全人教育機會。為因應各個學生不同的性向需求，多元教育及多元課程就是必然的結果；然後在多元課程之中進行學習之後，多元的學習評量又成為必要的做法。亦即過去學習評量傾向只單純以紙筆測驗來評量學習結果的方式，在多元化的大前提之下，也應有改變為多元評量的要求，如此方能達成：(1)更能實質配合各個學生學習傾向的差異情況，以及(2)多元評量之後，所得結果應比單一評量更可以公平

顯示出學生的學習成效。

　　教育部提出了下列數種形式，可以作為教師實施多元學習評量的參考。

(一)變通性評量

　　所謂變通性評量（alternative assessment）是用來對照「傳統評量」的概念。雖然它的內涵相當分歧，但其異於傳統形式的測驗，且可直接測量學生與其真實生活的表現。變通性評量是教師配合教學目標與課程內容、學生個別特性（學習特質、社經背景、性別、成就動機等）所發展出來的課程本位評量。大致上變通性評量不僅要學生能表現特定的行為與技能，而且能在真實的情境中去實踐與運用。

(二)真實性評量

　　真實性評量（authentic assessment）強調在真實情境中進行教學評量，檢視學生是否從課程與教學活動中確實達到教學目標並具有各學習領域的基本能力。真實性評量必須架構在真實情境的課程設計之中，因此透過教學情境布置的教學活動與課程設計，才能落實真實性評量。

㈢實作評量

實作評量（performance assessment）係指根據學生實際完成一項特定的任務或工作表現所作的評量。這些任務或工作可能是實際操作、口頭報告、科學實驗、數學解題、寫作等等。因此，其所使用的方式，係透過直接觀察學生的表現或間接的從學生作品去評量。這種評量方式異於傳統的紙筆測驗（paper-and-pencil test），它重視實作的能力，從實際的行為表現來評量，而不是依賴筆試來決定。

㈣動態評量

動態評量（dynamic assessment）旨在使用一項或一組認知領域的作業進行個別測量，施測者提供有意義的互動或回饋教學，目的在誘發受試者的潛在表現。動態評量強調評量過程中，教師與學生互動，並且協助學生，以檢視學生的表現。根據心理學家維果斯基（Vygotsky）的理論，「學生獨立完成的作業」與「學生在成人協助之下完成的作業」之間的距離，是學生的可能發展區（ZDP，或稱「近側發展區」）。因為協助學生，動態評量的內涵擴大，讓學生在教學活動中能從事有效的學習，並提升能力、建立積極的自我概念。

㈤檔案評量（卷宗評量）

　　檔案評量（portfolios assessment）係用以顯示學生學習成就或持續進步訊息的一連串表現、作品、評量結果及其他相關紀錄等資料的彙集。它不僅只是收集學生作品的檔案夾而已，而應更具意義、更清楚的展現學生邁向學習目標的成長與發展方向，此外，它也可以用來測量學生的特殊紀錄及診斷學生需要改善的地方。

三、基本學力測驗

　　學習評量又可分為「形成性評量」和「總結性評量」兩種步驟處理（評鑑亦然）。

　　形成性評量是在學習過程中就每一重點檢視學生學習的了解及回饋情形；而總結性評量則用於學習到相當一個階段後，以比較正式的方法來測試學生對該階段課程學習的成果表現。形成性和總結性常常有相對的意義存在，例如平時某項課堂實作評量與學期中的各階段定期測驗是形成性評量與總結性評量的關係，但學期中各段考對學期考試又是另一種形成性與總結性評量的關係。在實施九年一貫教育後，現行的基本學力測驗，則可說是配合對全部九年學習過程的最終總結性評量。

　　基本學力測驗除是經過國小及國中的學習之後，作為評估學生學習成果的測量工具之外；另外一個用途則是將測驗所得結果作為學生進入較高層次（高中）繼續學習取捨的部分依據。

　　在完成國小及國中教育之後，如何選擇進入一所高中（或高職）繼續自己的學業，是一項很嚴肅也很現實的問題。

　　舊時的升學可說完全由國中畢業後參加的一次聯考決定是否可以進入某所高中的命運，聯考在台灣半世紀的歷史，對早年教育當然有鉅大的貢獻，當年各級學校都少，交通資訊封閉，學校課程學習亦單純；於是招生時大家一起聯考，一次分發，各安其位，最是省時省事的方法。

　　但時至今日，隨著社會開放進步，「多元化」已蔚為潮流，學校持續擴展，漸脫離純粹菁英教育的色彩，形成只要有心向學，任何人都有繼續升學的機會。於是入學方式就不應墨守成規，而改採多元入學就應是更貼合現況的進步辦法。

　　舊時教育側重在知識的傳授，而新的教育除傳統智育之外並重視全人教育及個別差異的觀念。亦即除了智育，並要求全人格，包括在知情意行合一的原則下，達到德智體群美的共同成長；而且承認每一學生之專長性向，並使能充分發展不同的成就與潛力。而在升學的意義上，舊時聯考偏重學科一次考試之表現，雖然有某種公平之結果，卻也不免有僵化而難以「容人」的遺憾。

　　多元入學由此背景產生，增加了入學途徑與彈性；以目前

情況來說，除了仍有一項登記分發入學，純以基本學力測驗為分發依據，暫時保留類似聯考的形式之外，又增闢了甄選入學和申請入學兩條途徑。在這兩類途徑中，學力測驗都只列為入學條件之一，須與學生的其他特殊表現共同評比後才作為入學的取捨；而且學測一年考兩次，凡此都是使升學更符合「以學生為中心」的進步表現。不過天下事又常常利弊相隨；或譬如舊時婚姻單純由父母決定，簡單明白，也有許多好處，但隨著時代的進步，現時已是多元式的自由戀愛，卻又會帶來迂迴曲折的費事之處。多元入學亦然，其最令人質疑的就是較複雜及易致不公的問題。最近教育部提出多元、簡單、公平三項指標作為改進入學考試的努力方向，說老實話，以目前的多元入學形式而言，可能任一項標準都還未做到。

　　先以「多元」及「簡單」的立場來說，高中招生方式除了現在仍然保留純以學力測驗作為唯一入學標準的「分發入學」方式之外，另開闢的甄選入學及申請入學其實就可能既未多元而又有違簡單的原則。因為所謂「甄選入學」，本來在聯考時代就已存在，但當時照顧的是少數具音樂、美術等特殊才能的學生，而現在則把名額擴增，使所有學生都能參加甄試而已。此外，現在的「甄選入學」性質已與後來又開闢的「申請入學」性質十分相近，都是由申請開始，只是條件稍有不同要求，故實在已無分設的必要，或只需將甄選入學的條件及名額，一起併入「申請入學」之中，亦即是目前只以「分發入學」及「申請入學」兩種方式招生即可；而稍後或更可以只留

下「申請入學」一種方式，配合基本學力測驗及各校自訂的條件及程序來選擇辦理就夠了。因為「多元入學」的真諦就是教育鬆綁，讓學校及學生可以多樣地互相配合選擇，條件自訂；而非形式上還是由政府訂定了各種為多元而多元但實則違反簡單原則的入學途徑，以及各學校又由此而訂立出種種巧立名目的條件，造成看似多元，而其實只是更多框架的「假多元」現象。

為什麼會產生假多元現象？這就牽涉到升學的「公平」問題了。因為我們的社會初履「多元」境界，最容易發生兩種情況，一是不知所措、手忙腳亂；二則是扭曲誤解、混水摸魚。就好像民主與自由，是我們追求的目標，但在追求的過程中，有人就偏利用過渡時期，製造出一些缺乏標準，令人莫名其妙的名目條件，做出各種營私舞弊的行為。故現在詢及「甄選入學」及「申請入學」的印象，可能最普遍的反應就是「不公」兩字，甚至認為不如走回聯考的老路較好。

走回聯考的老路可能不致成真，不過也可以道盡了大家對所謂多元入學的疑慮重重，如何因應？或有兩項可討論的關鍵看法。

㈠改良申請入學方式

多元、簡單、公平仍應是改良的主要方向。在觀念上首先要明白「多元」就是要給任何一個學生都能以其表現最優秀的

條件來申請他所希望進入的學校。「簡單」就是不要多所巧立名目，假多元之名反而製造出入學的更多人力、物力的浪費及障礙。譬如面試、推薦信等是否具有真正實質鑑別的作用，應詳予考慮，勿使學生多所奔波、撰寫準備之後，學校卻根本草草處理，藐視了學生的心血準備。至於「公平」就要學校的主事人員必須要憑良心來衡量。我們一再強調，教育鬆綁在權力下放時，一併也就是責任的賦予。而且多元入學逐步實施之後，學校的特色及聲譽也因之更能凸顯，而眾人的口碑就正好是學校最能反應民意性的評鑑。教育事業首以形象為重，有心做好，就不會有做不好的道理。等到大家都對政府及學校的執事人員有了信心，那麼只要夠水準的學力測驗加上精緻的申請入學制度，就足以滿足多元入學的要求，分發入學及甄選入學就是多餘的事情。

㈡改良基本學力測驗的信度與效度

現在我們回到本節討論基本學力測驗的主題。無論如何多元入學，學力測驗的結果仍是重要的參考指標，與其他條件比較，無疑仍有其先天較「公平」的性質存在（是故聯考之令人懷念，其道理亦在此）。

但期盼殷切，結果卻又有使人不甚滿意的情況發生。因同樣的，由於國內近年才開始施行學測的緣故，難免就有不少尚待調整的現象出現，引致不少人對學測的公平性打了折扣。

　　國中基本學力測驗每年舉辦兩次，學生可只考一次或兩次皆參加，再擇取較優成績使用。以九十二年的測驗為例，據報載估計考兩次者有七到八成學生的第二次分數較第一次為高。最高的甚至進步了一百〇七分（滿分三百分），其餘進步達五十分以上者比比皆是，這樣的話，基本學力測驗的意義就模糊了。

　　學力測驗和一般考試的不同，最大的意義是考試只就一次的分數作比較，而學力測驗則可以和多次的分數比較（故學測的成績以「量尺分數」表示，也就是具有一致標準化的數值之意）。譬如聯考因為不必和其他考試比較，所以某一次的題目較難或較易，大家共同概括承受，不會造成不公平，但基測若兩次的題目難度不同，因有人只參加一次，就會造成和別人另一次比較上立足點的不公平，失卻所謂基本學力測驗的原意。

　　以專門術語來說，這就牽涉到效度和信度的問題。效度著重是否能測出受試者的特定程度，信度著重在不同的時空之下，是否仍有相當的數值穩定性。國外大規模的性向或學力測驗，如智力測驗及托福測驗等，其製作一定都要先經過效度和信度的嚴謹程序考驗，故不可能在正常的情況下，上次考一百或五百分，不久後另一次竟會考到一二〇或六百分。這種基本智力或學力的測驗才能放諸四海而皆準，得到大眾的信賴。

　　基本學力測驗的用意在於導正聯考以課本知識為準的讀死書弊病，當然是教育問題上的一項改進，只考學生是否真正懂了、吸收了某項知識、其對某項領域範圍的「學力」到達什麼程度，而不是某本書他背熟了多少。所以目前「教改」強調一

綱多本，用意應在使學生只要認真讀了不管哪一版本（經過審定的），就保證可以充分應付最後的基本學力測驗。但基測的結果如表現出如此不穩定的趨勢，一綱多本的結果就可能反迫使學生為了擔心自己所用的課本不足以涵蓋基測題目，就一本都不敢放過，只好在課後再到補習班「加強實力」了。

基測的目的既在解除聯考一試定終身及學習太多非必要知識的壓力，理論上考一次和考多次的結果差距不會太大，有人考兩次的原因應是有時要補救上次失常狀況的可能，而不是去「碰運氣」。但現在若演變成大多數學生都去考兩次，而兩次的分數又真的產生顯著差距的現象，那麼兩次基測就不但反變成學生兩次聯考的煎熬，而且也失卻了考試「公平」的立場。

因此嚴謹的統一標準化測驗，在製作題目時，都會留意到效度和信度的考驗。例如效度必須根據適當教材內容；而在信度方面，一般或採用題庫的方式，兩次測驗均由同一題庫隨機選出題目，其難易等性質就很一致，不會形成太大的相異；又如未及建立題庫時，則使用其他方法，如將兩次測驗先以同一群學生為樣本施測，得出兩次結果相似時方能認定為有相當穩定的信度存在。

我們的學力測驗想必亦經過相當嚴謹的製作程序，但由於才開始使用的緣故，國人對此尚不熟悉，難免會引起不少的疑慮，這些疑慮不一定很有根據，但有疑慮時總值得關注。多元入學及學力測驗都是可肯定的教育改革，但有些提出來的問題，仍值得主事者參考或為改進。

第八章

教師進修

一、九年一貫與師資培育

　　教育改革是符合現代社會的必然走向，九年一貫教育的基本立場希望能改善學生的學習環境應也正確，但有欠妥當的是實施得過於急躁與缺乏配套措施。九年一貫課程只推出了一個全新結構的龐然大物，至於是什麼及怎麼做則十分含糊籠統；於是很自然就引起首當其衝、要負責推動的教師們莫大的不安。自己都還未弄清楚，就要上講堂教學生，大家陷入一片「盲」、「茫」、「忙」的混亂之中（黃淑苓，民92），實在是強人所難。再加上在教改推行的過程之中，教師又被列為「改革的對象」（黃光國，民92），教師們在如此雙重壓力之下，無力感及不如歸去的念頭油然而生，乃至有近一年來大批教師「退休潮」的爆發，這恐怕也是當時籌畫教改者始料未及的又一項負面效應。

　　整個九年一貫課程牽一髮而動全身，尤其課程必須要有師資的配合；教改躁進的結果，就造成師資斷層的現象。回過頭來再做亡羊補牢的工作，雖然已稍晚了幾步，卻還是不得不趕快規畫出一套真正能落實九年一貫課程的師資培育方案。因為依照一般的經驗，就是一所大學準備新設一個招收三五十人的學系，通常也要經過三、五年的計畫時間；而現在牽涉到全面國中小教師的培訓問題，真是十分急迫的一件事。

　　為了因應九年一貫課程的實施，我們的教師立即要面對的應就是觀念的改變及實務的配合兩項主要的挑戰。

㈠觀念的改變

　　前文提過，教改及九年一貫教育的核心思想即是將舊時「以教師為中心」的傾向，改變為「以學生為中心」。

　　「以學生為中心」脫胎於杜威認為教育應「以孩子為中心」的思想。所謂以孩子為中心的教育，是相對於舊時「以父母為中心」的觀念而來，或可以兩個標準來說明：(1)孩子雖幼小，也是一個具體的「人」，有其基本與任何人平等的獨自「人格」，故任何人不可以自己的情緒隨意剝奪其「人權」（故家暴、虐童等行為是這理念所絕對反對的）。(2)孩子因生理、心智的不同於成人，故在孩子的成長過程中，成人不宜以成人的「成見」來強制教育孩子，而應多以孩子的需求為中心來協助帶領他們身心的發展（舊時蒙童一開始就只有背誦經典；現代則自福祿貝爾、蒙特梭利等開始才有小貓叫、小狗跳的教材，以及使用小桌椅、小馬桶的設施出現）。

　　以孩子為中心及以學生為中心，在現代教育中已取代了以父母為中心及以教師為中心的地位。舊時教育重視威權及型塑，現時則強調有教無類（平等）及因材施教（適性）。當然舊式的教育也曾有其輝煌的貢獻，但現代在民主及人權的大前提下更希望能多注重受教育者本身的權益而已。

　　不過,「以孩子為中心」並不等於「一切以孩子為中心」,學生亦然。以孩子為中心,表示我們要表達出對孩子的基本尊重;而若一切以孩子為中心,就可能會有放縱孩子或犧牲父母、教師地位的結果產生。一切以孩子為中心可能含有零和的意義在內,成為一種絕對的價值;以孩子或學生為中心只表示在可選擇的範圍之內,能多為受教對象著想,對他們就已營造出一個很好的成長環境了。

㈡實務的配合

　　除了觀念的改變之外,教師又因其專業的身分而另有技能條件配合的需要,這就牽涉到正規師資培育的內容與制度的問題。

　　舊有教師的服務目的單純,只須執行政府所訂定的課程標準,依照統一編定的課本教學就可以了。但在九年一貫新課程綱要的要求之下,教師突然由課程執行者的身分劇變為執行者加上設計者的身分;由於從課程執行者增加了課程設計者的身分,教師的功能就從單純的教學增加成為教學、研究與評鑑三合一的服務要求。然後更由於課程內容亦大幅變動(如分科改合科),不但我們的現任教師一下難於適應,教師培育機構也同時手忙腳亂,立刻就要面對錯綜複雜的新師資培育需求。以下分別就現任教師的在職進修及將任教師的養成教育如何因應九年一貫課程來作討論。

1.現任教師的在職進修

　　九年一貫課程是國中小教育的一項鉅大變動，對現任教師而言，其已任教了多年並習慣於分科上課，現在突然變成要執行合科領域上課，而且除了教學之外，還要加上研究和評鑑的任務，以達成所謂「學校本位課程」、「課程統整」、「協同教學」及「課程評鑑」等要求，如果說沒有壓力，顯然是騙人的話。於是教師們能躲則躲（如退休），躲不過的只好面對，拼命覓取進修的機會。但問題是我們的師資培育機構也同樣有原來的結構功能一時不能適應的情況，例如分科如何改變為合科（領域）上課就是一大問題。

　　這個問題恐怕必須由我們的政府當局來解決，唯一之道應是協調各師範校院廣開各領域的教材與教法等學程（包含研究、評鑑等概念），充分供應中小學現任教師選修。現任教師在已有多年教學經驗之下，應該很快就可以掌握九年一貫課程中的各種新觀念與新技能，甚至成為可以真正比較出新舊課程各自優缺點的人，不但仍是九年一貫課程教學的執行者及資產，而且在增加研究和評鑑的技能之後，乃可成為督促九年一貫課程改進的推手動力。

2.將任教師的養成教育

　　更現實及複雜的卻是將任教師的整套職前教育問題，這在一般大學所設的教育學程和師範校院的師資養成都一樣。一般

大學的教育學程資源先天上比較缺乏，而師範校院的課程則迄今仍傾向於分科教育，要如何轉型以求適應九年一貫新趨勢，都正是大家絞盡腦汁的工作。

　　以下一個例子是一個一般大學（中原大學）教育學程中，如何將一門原來「國中理化教材教法」的科目，提升為「自然與生活科技教材教法」的做法，或可先提供給一般大學作為參考。

實施步驟

　　本課程是由研究者（老師）和他的班級十九位師資生共同組成，這些師資生包括物理、化學、資訊等科系，他們的年齡從二十到三十歲，正在修師資培育有關的教育學程：「自然與生活科技教材教法」課程。本課程是由原來的「分科（理化）教材教法」提升為現在的「自然與生活科技教材教法」，除了研究者當教師外，另有資訊碩士當本課程助理，以補足授課者在這方面專長之不足。

　　本研究採用質的研究法（Bogdan & Biklen, 1992），以詮釋性的方法作資料分析（Erickson, 1986），資料的蒐集包括教室觀察、學生的心得報告和晤談三方面資料。教師及每位師資生都要詳細觀察每人上課討論、分享、教學演練及合科教學的情形，並加以記錄在一本札記上，時間為一個學期，最後學生還要寫下期末心得報告。晤談是選擇五位學生，每組一位，這些學生都自願配合，並能清楚表達他們的觀點，由各組推派選

出，而晤談的主要目的乃在於獲得學生更進一步觀念上的溝通與了解！因此藉由這晤談的資料，研究者期望能確認從教室觀察和心得報告中所獲得的觀點是否一致。

為了讓所有師資生都有機會在單科和合科教學演練，課程設計是前二次採用分科教學設計及個人編寫教案，後二次採用課程統整的合科設計，小組編寫教案及合科教學。為了讓每位師資生有省思機會，每一次教學演練都需要全程錄影；待教學完畢後需觀看自己的教學錄影帶，並於下次聚集時報告其心得。教學實施步驟主要分為四個部分，詳述如下：

A、多元智慧的策略

在開始上課的前三週，教師主要講解多元智慧教學的意義和理論，並將它融入課程設計中，每位師資生學習如何應用多元智慧編寫教案及教學流程，並採用多元智慧教學方式和策略，讓整個課程內容豐富及生動活潑。

B、單科教學的演練

從第四週至第十週是個人上台教學演練的機會，每個人需要編寫個人本科的教案，為了讓資源共享及達到相互觀摩地步，每位師資生在上台教學前將教案影印分發給其餘在台下當受教對象的師資生。

C、同儕教練的回饋

為了讓每位師資生具有相互指導的能力，當一位師資生上台教學演練時，另一位師資生學習當教練，待教學演練完畢之後，引導學生發問、回饋及評論，每一位師資生都需要當過教

練，教師最後再加以評論。

D、合科教學的演練

除了分科個人上台演練外，為了探討合科教學實施之效果，將全班分為五個合科教學小組，每組約三至四人，含有物理、化學及資訊專長結合，每組必須編製一個合科統整的教學單元，由小組成員採用協同教學方式上台演示，每組約三十分鐘，並由其餘小組成員和教師適當給與回饋及評論。

結果與討論

整體來說，雖然尚有一些缺點需要加以改進，但大多數師資生認為本課程收穫良多，對於合科教學初步訓練是成功的。他們認為這個課程的內容是很豐富的，尤其是本課程朝向我們國家未來教育發展的趨勢，他們不僅學到如此走在前端的概念，更親身體驗過。況且他們手邊至少留下四份完整的教案與教材，可以作為未來教學的參考。同時，也累積了一些單科與合科教學的經驗，經過教授與同儕教練的批評指教之後，有了許多的進步。

（資料來源：張世忠，民 92）

但師資培育真正的問題可能還是繫於師範校院能否順利轉型之上。

因為一來師範校院迄今仍為我們國民中小學師資的主要來源，二來各校的師資培育課程目前仍多為分科教育，與九年一貫的領域整合學習有相當的出入，牽涉到整個學校體制的變

動；茲事體大，但又不得不做。

　　師範教育向以保守著稱，在民國八十三年「師資培育法」頒布時，師範校院遭遇的是第一波的衝擊。教師這一工作不再是師範生的保障行業，而加入了其他一般大學教育學程等畢業生的競爭。現在九年一貫教育的推動，又是師範校院面臨的第二波壓力，因為國中小學課程觀念及架構全面改變，專責培育師資的師範校院更不能不思考本身未來發展，甚至存廢（與他校合併）的問題。而以下幾個做法，應該都可以列為考慮的方向。

⑴加速調整現有系所的結構

　　現在有的師校已開始調整現有系所的結構，主要是由過去的分科教育改變為領域整合教育。而且為了適應以後教師由單純課程執行者的角色轉變為執行者與設計者的角色，師校亦紛紛開始規畫設立「課程與教學研究所」或「課程與教學研究中心」等，以供協助師資生作更進一步提升教育專業技能之用，但現在腳步仍嫌慢，希望能更快一點完成轉型。而有關的各類教育專業課程，還可以開放提供一般大學教育學程學生選修，以補他們在教育專業上可能訓練不足的缺失。

⑵加強通識教育陶冶

　　從八十三年開放一般大學亦可設立師資培育學程之後，其實不少師校已有危機意識，將來的競爭激烈勢所難免；唯一可以保證自己能勝過別人的，就是本身知能的條件。除了教育專業的優勢外，師校學生還必須要在廣泛博雅知識上要求有更深

入的修養，才能益顯自己可以勝任為人師的風範資格。而且在九年一貫教育中，除了改革，另又強調教學創新的重要；如果師校生能有機會多修一些各種的通識課程，在觸類旁通的效果下，補強教師們將來設計自己本科課程的能力，亦將會有更多的助益。現在各師校通識課程都逐步愈開愈多，如經濟、法律、生命哲學、玩具與遊戲設計；甚至有學校還開了空服員訓練的課程。當然各門通識科目之是否開設，仍要由學校的有關課程委員會予以評定，不過師校逐步邁向更開放的方向，乃是既可以配合九年一貫課程，又能夠適應時代潮流的正確態度。

(3)鼓勵學生修習輔系或第二專長

師校學生除了多選修通識科目之外，更積極的做法是修習輔系或第二專長。在系統性加修了除本系之外他系的若干學分，就可以取得輔系或雙主修的雙重師資資格；同為教育科系或除教育科系之外的另一個自己有充分興趣的科系，均無不可。在人生追求知識，而且在社會終身教育的觀念已愈來愈為人所接受的時候，一個人有多元廣泛的興趣及專業，則不論在本業的競爭上，或在某種情況下轉業的要求上，都應是有百利而無一害的人生旅途上的精采註記符號。

(4)考慮設置六年一貫碩士班

台灣早期師範教育，除師範大學是由師範學院改制而來之外，其他均是從相等於高級職業學校開始的。後來經過兩次全面升級改制，一次約在民國五十年間由師範學校改制為師範專科學校；另一次則在民國七十六年再改制為目前的各師範學

院。改制之後乃使我們的師資培育全面的提升到大學程度，對國民知識的提昇以及國家國力的培養，甚至我國經濟的起飛發展貢獻甚大。但現況已經過了近二十年，世界政治、經濟文化、社會狀態又屢經鉅變；我國的國民平均所得毛額由五十多年前的五十美元左右，提升到現在的一萬三千美元以上（七十年為 2,443 美元），已逐步躋身於已開發國家之林。教育改革的呼聲由此而生，於是對教師資質的要求再作提高，應已是十分實際的問題。以較先進的國家而言，如美國一九九四年中小學教師擁有碩士以上學位者即已達 47%。我們現在既正大力推動教育改革，而且社會條件又已稱成熟的狀況下，師範校院將現有的四年大學制改變為六年一貫的碩士學制（含或不含一年實習皆可），應已是可以考量的大方向了。如改為六年制之後，亦又可同時將後兩年設置成某種形式的碩士在職專班，供一般大學的教育學程以及各中小學現任教師增加進修機會之用。如此既可配合供應教師充實九年一貫教育技能之需，又可轉型凸顯師範教育的特色，應是一舉兩得的一件好事。

二、教育是終身的志業

在目前社會上的各類行業之中，本來教師這個工作待遇算起來並不優厚，但因為我國傳統一向對教師有一份要比其他職業更為尊敬的態度；而教師本身又多能抱持以教育為自己終身

志業精神，故此工作狀況尚稱穩定。但最近一兩年卻突然發生了大批教師申請提早退休的「退休潮」現象，恐怕由教改及九年一貫教育為教師所帶來的龐大壓力難辭其咎。如果任其發展下去，則不但對教師的士氣打擊甚大，而且可能變成不良循環，使教改的一些良法美意的推動更增阻礙，進而造成社會更大的不安。

故就事論事來說，除了由於教改及九年一貫推動得太躁進及缺乏配套措施造成的不良結果必須要善加補救，以免負面效應繼續擴大，使大家對教改及九年一貫更增誤會之外；我們更要認清所謂教改，尤其九年一貫之是否可以成功，其重點仍繫於教師之是否能夠或願意配合的問題上。如果教師仍對教改，甚至對自己的前途一開始就缺乏信心，那就等於是一支不知為何而戰而又缺乏裝備補給的軍隊一樣，怎麼會有奮勇衝鋒的戰力產生呢？要使教師能夠捍衛教育、改革教育，給教育一個更好的將來，還是要先從給與教師一個可靠的今天及清楚的明天開始。這或可以分為政府政策及教師本身要求兩方面來討論。

㈠政府政策方面：更多的實質鼓勵

目前九年一貫課程，雖云鬆綁，更現實的情況卻是教師增加了很多前所未有的「額外工作」。而一時之間教師對多出來的工作有未能適應的情況時，政府有關機構卻似總又責備多過鼓勵；這實在是只有使情況更惡化的不當做法。我們現在處於

現實士氣正低落的節骨眼上，政府不但應把精神上的責備多轉化為鼓勵，而且更應以實質的方式表達出來，使教師能在推動教改的同時即可親身感受到教改的實利，然後才會產生對教改堅定的信心及樂於效力的意願。

1.政府應給與教師更多正式及非正式的進修管道。因為九年一貫改變了很多舊有的教學觀念及方法，教師必須迅速了解及掌握自己所面對的問題。這在前面我們已以不同的方式一再提過，當然政府也正在做，但顯然仍不很夠。最好在各種進修形式之中再加上對教師實質上的鼓勵，如減少授課時數，及上班時間多給與方便等，使教師更樂於尋求進修的機會。

2.應盡速達成國民中小學每班學生 30 人以下的要求。這在教改總諮議報告書中亦是列為改革重點之一。而實際上，一般先進國家，在一九九四年如德國已為 27 人，美國 24.5 人，法國中學 24.5、小學 22.5 人（鄭英敏，民 83）；而我國迄今每班仍在 35 人以上，接近 40 人者比比皆是。須知以學生為中心的全人教育，要求的根本精神在於「能照顧到每一個學生」或「帶好每一個學生」。但如果每一班都是學生眾多，試問一方面要求照顧每一個學生，一方面又不能減輕教師的教課負擔，則教改又將如何達成？故要求九年一貫的順利推動，學生人數由目前的 35 至 40 人勢必要減少至 30 人之下才起碼合理，而且也希望每班教師編制能由現在的 1.5 人增至 2 人則更好。

3.教師分級制應積極實現並要釐定明確待遇鼓勵晉級。教師分級制度講了很久，總是只聞樓梯響、不見人下來，於是教

師缺乏上進企圖心的推動力量。而現在既然九年一貫課程已將教師的單純教學工作增加了設計工作的要求,而且增加了很多進修的管道;那麼教師的年資經歷及教學、研究、設計等共同的表現就足以作為教師分級的標準了。不過分級制度一旦實施,教師的待遇計算卻一定要從目前的基礎往上加,而不可往下減,如此方能落實鼓勵教師自我生涯規畫的原意。

⒉教師個人方面:自我的充分成長

現代社會是一個知識爆炸的社會,而現代教育改革的最後目的乃在於促成「終身教育」的理念。在舊的教育觀念中,通常認為學習僅限於某些階段性的特殊需要。但近代的教育學者卻開始覺察到人生的任何階段,應該都有學習的需要。這對身為教師的人來說,意義尤為重大。

1.教師是知識的橋樑,最重要的使命就是要做知識的永續傳承。所以理論上教師永遠要有吸取新知識的態度,亦即教師永不停止自己知識的進步,以備完成為學生作傳道、授業、解惑的重大任務。

2.除了單純的知識傳播之外,如前所言,教師在九年一貫課程的要求下,從只要負責教學,又增加了設計等任務;亦即知識在經由教師教學的過程中,除「量的傳播」之外,更有了「質的改善」的意義。對中小學教師而言,一方面更加確立了教師的所謂「師」的地位,另一方面則無疑亦是「具有挑戰性

的新考驗」。在這項考驗之下，研究的能力可說成為一項相當客觀的標準，故未來的教師要求研究能力的提升已是必然的趨勢。不過教師的研究又與一般純理論性的研究有所不同，因為教師的研究多偏重解決實務性的問題，而不重在發現什麼知識的最終真理。所以，在晚近受到重視的一種行動研究（action research）很可以推薦給我們的教師應用。所謂行動研究，是一種較為避免研究的繁瑣程序，而以解決一般人文社會科學的實務問題為主的研究方法，很適合在各種教育狀況中使用；我們雖暫無法在此詳述，不過在大學裡安排四至六學分的課程應就大致足夠。然後，教師在課程、行政、輔導的研究上都可以運用，在這項工具的輔助下，教師就可以更輕鬆符合九年一貫的教學者、設計者、研究者及評鑑者等不同角色的要求。

3.九年一貫教育的最高原則是「以學生為中心」，而教師之所以要以學生為中心的意義為「帶好每一位學生」，使所有學生都能達到自我充分成長的境地。什麼是自我充分成長的理想境地呢？西哲杜威曾經指出：「教育並無固定目的，教育本身就是目的。」或可作為自我充分成長的最好說明。也就是說，教育絕不是教會一個人讀通一本書或了解某項知識就完事；而實際上的重點是要教會人由讀會一本書而喜歡讀書，使人在受教育之後，更產生繼續受教育的需要與興趣。也就是說，教育的永續性就是教育的目的所在，這才是真正做到使學生達成自我充分成長的境地。為幫助學生達成自我充分成長的境地，反過來說，負責指導的教師也就必須先有自我充分成長

的條件。以同一標準來說，教師也必須先有喜歡讀書及繼續受教育的積極需要與興趣。然後教學相長，也就是孔子所說「學不厭」與「教不倦」的教師自我充分成長的指標表現。

〈參考文獻〉

一、中文部分

中華民國課程與教學學會（民88）。九年一貫課程之展望。台北市：揚智文化公司。

孔莎苓（民88）。親師教學活動紀實。台北市：中國文化大學出版部。

林素卿（民91）。教師行動研究導論。高雄市：復文出版社。

周祝瑛（民92）。誰捉弄了台灣教改。台北市：心理出版社。

黃嘉雄（民91）。九年一貫課程改革的省思與實踐。台北市：心理出版社。

黃光國（民92）。教改錯在哪裡？台北縣中和市：INK公司。

黃政傑（民76）。課程評鑑。台北市：師苑公司。

黃淑苓（民92）。〈盲、茫、忙——九年一貫課程改革對教師培育機構之衝擊〉。九年一貫與師資培育，頁17-38。台北市：五南出版公司。

陳伯璋（民88）。〈九年一貫新課程綱要修訂的背景及內涵〉。教育研究資訊，7（1），頁1-13。

陳美如、郭昭佑（民91）。學校本位課程評鑑。台北市：五南出版公司。

陳照雄（民75）。當代美國人文主義教育思想。台北市：五南出版公司。

張世忠（民92）。〈單科轉換合科教學之師資培育〉。九年一貫與師資培育，頁133-150。台北市：五南出版公司。

張春興（民89）。教育心理學。台北市：東華書局。

張凱元（民72）。佛洛伊德心理學及其在教育上的應用。台北市：問學出版社。

張凱元（民80）。從艾瑞克森理論研究我國大學生人格發展在近十二年間之變動傾向。台北市：正昇教育科學社。

張凱元（民91）。〈人本主義學生輔導工作之探討〉。人文關懷與社會發展論文集，頁1-14。高雄市：復文出版社。

張凱元（民92）。人本主義教育的理念與實踐。台北市：心理出版社。

教育改革審議委員會（民85）。總諮議報告書。

教育部（民92）。國民中小學九年一貫課程綱要。

教育部（民92）。教學創新九年一貫課程問題與解答。

游進年（民88）。CIPP模式在國中訓輔工作評鑑應用之研究——以宜蘭縣為例。國立台灣師範大學教育研究所博士論文。

賈馥茗（民73）。教育概論。台北市：五南出版公司。

甄曉蘭（民91）。中小學課程改革與教學革新。台北市：高等教育文化事業有限公司。

趙仰雄（民75）。杜威與孔孟教育思想的異同。台北市：幼獅文化事業公司。

鄭英敏（民83）。〈主要國家中小學學生班級編制比較〉。**教師天地雙月刊**，71，頁46-50。

劉明秋等（民79）。**羅吉斯諮商理論初探**。台北市：天馬文化事業公司。

歐用生（民88）。〈從課程統整的概念評九年一貫課程〉。**教育研究資訊**，7（1），頁22-32。

薛承泰（民92）。**十年教改爲誰築夢**。台北市：心理出版社。

盧美貴（民78）。**夏山學校評析**。台北市：師苑教育叢書。

魏肇基譯，J. J. Rousseau著（民76）。**愛彌兒**（*Emile*）。台北市：商務印書館。

二、英文部分

Allender, J. S. & Allender, D. S. (1991)."Humanistic education: Exploring the edge." In R. Miller (Ed.), *New Direction in Education.* Brandon, Vermont: Holistic Education Press.

Ausubel, D. P. (2000). *The Acquisition and Retention of Knowledge: A cognitive view. Boston, Mass: Kluwer Academic Publishers.*

Bandura , A. (1986). *Social Foundations of Thought and Action: A Social Cognitive Theory.* Englewood Cliffs, N. J.: Prentice Hall.

Beach, J. (1993). *Making the Right Decision: Culture, Vision and Planning.* New York: Eglehouse.

Bloom, B. S. (1974). "An introduction to mastery learning theory." In J. H. Block (Ed.), *School, Society and Mastery Learning.* New

York: Holt, Rinehart & Winston.

Bower, G. & Hilgard, E. (1997). *Theories of Learning.* New York: Prentice Hall.

Carroll, J. B. (1963). "A mode of school learning." *Teachers College Record, 64,* 723-733.

Clark, E. & Coletta, J. (1981). "Ecosystem education: A strategy for social change." In J. Commer (Ed.), *In Quest for a Sustainable Society.* New York: Pergamon Press.

Combs, A. W. (1982). *A Personal Approach to Teaching Beliefs that Make a Difference.* Boston, MA: Allyn & Bacon.

Combs, A. & Snygg, D. (1959). *Individual Behavior: A Perceptual Approach to Behavior.* (rev. ed.)New York: Harper & Row.

DeCarvalho, R. J. (1991). *The Founders of Humanistic Psychology.* New York: Praeger.

Encyclopedia Americana (1982). "Holistic medicine." Vol.14, P. 294.

Fromm, E. (1956). *The Art of Loving.* New York: Harper & Row.

Gardner, Howard (1983). *Frames of Mind: The Theory of Multiple Intelligences.* New York: Basic Books.

Gilgen, A. R. (1982). *American Psychology Since World War II: A Profile of Discipline.* Westport, CT: Greenwood Press.

Goldstein, K. (1959). *The Organism.* New York: American Book.

Good, T. L., Good, T., & Brophy, J. E. (1995). *Contemporary Edu-*

cational Psychology. New York: Longman Publishers.

Hamachek, D. (1987). "Humanistic psychology: Theory, postulate and implication for educational processes." In J. Glover & R. Ronning (Eds.), *Historical Foundations of Educational Psychology,* 159-182. New York: Plenum Press.

Joyce, B. & Weir, M. (1981). *Models of Teaching.* New York: Prentice Hall.

Maslow, A. (1968). *Toward a Psychology of Being.* New York: Norton.

Maslow, A. (1970). *Motivation and Personality.* (2nd ed.) New York: Harper & Row.

Maslow, A. (1976). *The Farther Reaches of Human Nature.* (2nd ed.) New York: Viking.

Rathunde, K. (2001). "Toward a psychology of optimal human functioning: What positive psychology can learn from the 'experiential turns' of James, Dewey and Maslow." *Journal of Humanistic Psychology, Vol.41,* No.1, 135-153.

Render, G. F., Padilla, N. M., & Moon, C. E. (1991). "Toward a Holistic definition of creativity." In R. Miller (Ed.), *New Direction in Education.* Brandon, Vermont: Holistic Education Press.

Rogers, C. (1961). *On Becoming a Person.* Boston: Houghton Mifflin.

Rogers, C. (1980). *A Way of Being.* Boston: Houghton Mifflin.

Rogers, C. (1983). *Freedom to Learn: A View of What Education Might Become.* Columbus, Ohio: Charles Merrill Publishing.

Schneider, K. J., Bugental, J., & Pierson, J. F. eds. (2001). *The Handbook of Humanistic Psychology.* London: Sage Publications.

Stufflebeam, D. L. & Shinkfield, A. J. (1985). *Systematic Evaluation: A Self-Insturctional Guide to Theory and Practice.* Boston: Kluwer Academic Publishers.

Spiegelberg, H. (1972). *Phenomenology in Psychology and Psychiatry: A Historical Introduction.* Evan, Ill.: Northwestern University Press.

Taipei Times (2003)."Education reform requires humility." *Editorial, Taipei Times.* Vol.5,No.92,p.8.

Tyler. R. W. (1950). *Basic Principles of Curriculum and Instruction.* Chicago: University of Chicago Press.

〈附錄：九年一貫教育名詞詮釋〉

1. 九年一貫課程（grade 1-9 curriculum）

　　含有兩層意義。第一層意義為我國國民中學及國民小學的課程一直分由兩個課程委員會辦理，因之容易在兩段課程中產生不當的重疊或疏漏現象。故應改進為將兩個委員會合併為「同一個專案委員會」的方式，統一規畫中小學完整的課程內涵，期能達成「九年一貫」的教育目標。第二層意義為同時配合教育改革的需要，順應現在知識爆炸及民意潮流的趨向，乃一併將九年一貫的新課程目標訂定為應該培育具備人本情懷、統整能力、民主素養、鄉土與國際意識，以及能進行終身學習之健全國民。

2. 人本主義（humanism）

　　在教育的範圍內談人本主義，原則上是指二十世紀中期由於著名心理學者馬斯洛、羅哲斯等人，因不滿當時正盛行的心理分析學派以及行為主義學派將人性生物化、機械化的做法，而另創立的人本主義心理學派對教育的理念而言。人本主義心理學派對教育的基本論述有三：(1)人的行為具有自我心身的整體性，與其他動物單純由刺激與反應連結產生的行為不同，人的行為乃是一種心身一致的自我意識判斷表現。(2)教育是人所

特有的行為活動；其他的動物只能以訓練的方式改變簡單的行為，而無教育薰陶改變氣質、建立並實現自我理想以及創造文化的可能。(3)因人的生理、心理、成長背景錯綜複雜，所以世界上每一個「人」的教育應盡量避免制式化，而應分別考量每一個「人」的獨特條件來施教，才是以「人」為本的理想教育情境。

3.全人教育（holistic education）

「全人教育」，從字面上來看似乎甚為簡單。有謂德智兼修為全人教育，或德智體群美五育均衡發展即為全人教育者，似乎都未能說清楚其中涵義。如用一句話來形容，或可說：「全人教育的理想，為使每一個學習者都能依其獨特背景，在外在資源不虞匱乏的條件下，以與生活結合，及內在知情意行統合而心身一致的自我充分發展方式，來接受德智體群美五育均衡的一種基本完整教育學習經驗。」在這裡還要強調的是：(1)全人教育的觀念由人本主義而來，肯定每個人都是一獨特個體，人應是以個體的資格接受教育，而不是參加一個群體，大家一起接受制式的教育。(2)人的心身是一體的，教育不能只傳授知識了事，而應在情意教育的原則下做到知情意行合一的效果；使知識能真正落實，成為個人喜愛並願意奉行的準則。於是在此項條件之下，才能談到進行德智體群美五育均衡的教育要求。(3)全人教育應視為每一個人的基本教育權，落實的原則應為：①任何個人不得因其居於弱勢族群的身分（如低收入

等）而喪失接受全人教育的機會。②全人教育的學生班級人數不可過多，否則便失卻照顧到每一個學生的意義。

4. 情意教育（affective education）

教育並不只是一種知識傳授的結果；而應是知識的獲得及執行一致的歷程。情意教育是一種重內化多於重外鑠的教育。外鑠教育由外力導致行為的改變，卻常在外力的誘發因素減弱之後，被控制的行為又故態復萌，這似不是能夠達成教育根本目標的適當辦法。情意教育講求內化式的教育，使學生在行為改變過程中，根本擴展改變自己的認知結構，把新知識完全融入個體的自我概念價值系統，成為自己整體人格的一部分，因之並帶動感覺、興趣、態度、信念、鑑賞等作用之調整。例如教學生數學解題，能使學生知道數學的功能何在，然後在運算過程中得到樂趣，並更進而願意協助別人解決問題，甚至將數學融入建築等實務而產生藝術創造的結果等。

5. 建構式教學（constructivistic teaching）

為認知心理學中的一派教學理論，認為我們的所謂「學習」，都是運用已有的認知內涵，去認識辨別新情境，擴增新經驗，從而逐步改變自己的認知內涵，形成新的知識體系。例如我們在初學乘法時，一定要以加法為基礎，來了解其中的意義。如 2×2 為 $2 + 2$；而 2×3 即為 $2 + 2 + 2$ 等。建構式教學不僅用於數學，在其他的學科上也一樣，例如教「gentleman」這個英文字,能考慮到學生是否已先學會「gentle」和「man」這兩個字,教學就會順暢得多。建構式教學是一種發展式的教學,像蓋房子一樣,必須從地基、樑柱……開始,一步一步來,應是一種良好的教學方法。本法之實施甚有彈性,可以由教師直接講解,或由師生互動討論。但要領仍在施教者必須切實掌握各受教者的先備知識(舊經驗)程度,才能導使有效結合及學好新增的知識內容。

6.以學生為中心教育(student-centered education)

　　是由人本主義心理學者羅哲斯結合教育哲學家杜威「教育應以兒童為中心」及其在心理治療中自創的「以人為中心療法」兩項觀點而來。杜威的「教育應以兒童為中心」強調教育的實施首應了解受教者適性的需要,而羅哲斯的以人為中心療法則將傳統心理治療中治療者及被治療者嚴肅的絕對權威掌控對全然軟弱無依的主從關係,改變成了平等與協助的關係。故以學生為中心的教育重點亦即在調整傳統嚴肅的師生關係為較平易的協助者或輔導者的關係,以便更可以客觀的態度來探求學生的適性需求,達成引導學生自我充分成長的教育任務。「以學生為中心的教育」傳承人本主義思想,基本上認為:(1)人都具有向善要求自我充分發展(自我實現)的本性功能。(2)故在自然的狀況下,知識的傳授應重在學習動機的激發引導,而不在概念的灌輸;填鴨式的灌輸只會使人在痛苦的狀態中學得僵化的知識,有時甚至造成對知識抗拒的反效果。(3)動機學

習的執行一定要做到了解每一個學生不同的需要及性向才能奏效。而羅哲斯於此提出三項最高的指導原則為：①真誠一致的態度：教師應表裡如一，不造作，不虛假。以真心坦誠的態度來教導學生，這是建立師生關係的第一守則。②同理心：教師欲了解學生的需求及內心世界，就必須在真誠互動之後能進一步隨時設身處地理解學生的感覺、需要、快樂與痛苦等心境，為其適當紓解有關知識及人格成長的障礙問題。③無條件積極關注的胸懷：教師在協助學生成長的角色扮演上幾等同父母。而學生在成長學習過程中，一定會發生不少明知故犯、咎由自取的問題。此時教師就更應以父母般的愛心與耐心來關注引導學生，而不可輕易給與責備懲罰，以免阻礙其繼續的動機發展。

7. 多元教育（multiple education 或 multi-cultural education）

　　為配合以學生為中心的全人教育需求，使每一個學生不同的知識及人格都能得到適當的成長，多元教育乃是必然的學習途徑。而且教育鬆綁之後，各所學校講求本身特色的建立，教育思想不再定於一尊，多元文化百家爭鳴的現象亦就是必然的結果。多元教育的意義有二：(1)在課程多樣性及彈性的處理之下，學生更可以依照自己的性向需要學習有關知識。(2)多元文化教育的結果乃可以在目前愈來愈趨向多元化的社會中，更可經由對不同文化的學習而養成對不同文化的了解與融合。

8. 開放教育（open education）

由於教育多元與豐富的變化，在教學上也就要求更自由與彈性的開放措施，打破舊有的統一制式標準，而容許日常教學活動獲得更大的自主空間。其特色為：(1)課程開放。教師可以配合學生的需要，將原來每週每日固定的上課科目時間，斟酌機動延長，或完成後隨時結束等。(2)場所開放。現有教室的安排，上課時可以視情況隨時改變學習場所。學校成為一個整體的教學場所。(3)班級開放。不拘束於以年齡編班的形式，而以學生能力與興趣，自由選擇學習課程，並原則上允許與教師諮商後，隨時進入任一班級課程。(4)學習成果開放。基本上不以分數評定成績，或只以「學習結果表現優良」、「學習結果尚待加強」，或只以學習已完成及未完成來代替及格不及格；亦即學習的評量變成一種診斷而非判定的意義。

9. 課程統整（curriculum integration）

九年一貫課程強調課程應與生活結合。傳統的課程以分科形式實施教學，雖然有科目專精的優點，卻可能未反映生活的實際需要。課程統整則是可以在不受限於學科界限的條件下，由教師與學生合作認定重要的議題和問題，而針對這些主題形成課程組織，增強人與社會統整的可能性。其目的在將不同的學科知識做相關連結，並將知識與生活經驗加以整合，以化解學科之間壁壘分明的疆界；將教育重心由學科知識的學習提升至生活技能的培養，使學生能在完整且貼近真實生活的課程架

構中學習，增進其學習能力，它也可以是學習領域內知識的統整（教育部，民 92）。

10. 學校本位課程（school-based curriculum）

　　九年一貫課程將學科教學整合為領域教學。學校本位課程則進一步鬆綁以學校的教學理念及學生需要為核心，以學校的教育人員為主體，以學校的情境及學生需要為核心，並考量學區附近的社區及大眾的期望，以及符合中央及地方教育機關法令與政府的規範，針對學校課程自行規畫、設計、實施與評鑑的工作。但學校本位課程雖由各校依據學校願景發展自己的特色課程，卻同時亦應重視教學品質的提升管理，絕不可用本位、特色之發展而產生放任、鬆散、降低教學品質及影響學生受教權之現象（教育部，民 92）。

11. 協同教學（team teaching）

　　因九年一貫課程多元化的轉變，新的教學領域常非一人所可獨自勝任，協同教學是指教師等從事教育的有關人員，藉由與其他人共同合作，透過角色分工，以各種形式進行多樣化的教學活動。可透過教師團隊的合作，發揮各自的優勢專長，改變過去「單打獨鬥」的習慣，並經由團隊成員的相互支持與支援，同心協力解決教學上的困境，共創教學的新契機。此外，在個別化教學的進行、各類教具製作與準備、分組教學的實施、課程設計上的專業分工、教學現場的觀察與評鑑，乃至帶

領教學活動的銜接等方面，皆有相當大的助益（教育部，民92）。

12.課程評鑑（curriculum evaluation）

落實學校本位課程之後，各學校對課程之規畫、設計與實施已具有很大的自主性，為了解及維持各校課程之相當水準，課程評鑑乃有其相對的必要。課程評鑑的意涵是：「為了解學校組織中課程發展與運作的成效，透過系統化的程序，進行一系列檢核的工作或研究歷程，分析課程的利弊得失，進而追蹤管制，期使學校中的教與學之間產生交互作用，因而持續發展，不斷進步。」至於進行課程評鑑，教育部決定採用的是史塔佛賓（D. L. Stufflebeam）所推展的 CIPP 模式（教育部，民92）。

13.學習評量（learning assessment）

新的學習評量意義相對於傳統的學習評量意義，是不但獲得學生在學習完成之後的成就資料，而且還要透過學習過程中的檢測，了解學生的學習狀況，並診斷學習的困難以為教學的參考。所以在九年一貫教育中，學習評量的積極性增加，而且強調多元化的評量方式，以及兼重「形成性」和「總結性」的評量，以求能全面了解學生的學習成效。

14. 多元入學（multiple admission）

由於重視學生個別差異及社會文化多元的「多元教育」結果，多元入學亦成為必然的走向。過去高中（職）入學均以一、兩天特定少數學科考試的成績，來決定入學的資格。在多元入學的原則下，已改變為參加「國民中學學生基本學力測驗」之後，可以選擇使用「甄選入學」、「申請入學」或「登記分發入學」三種方式中之任一種辦理入學。其目的為結合九年一貫教育，將過去重視學習結果的傾向，改變為重視學習歷程的傾向。

15. 基本學力測驗（basic academic attainment testing）

過去國中畢業升學高中（職），都是以聯考成績作為唯一選擇的標準，而聯考每年舉辦一次，故稱一試定終身。聯考固有相當客觀的公平性存在，事實上卻是一種很不合人性的選才作法。因為現代教育已強調人性中個別差異的存在，而又在學校本位的原則之下，各校以其不同的教育特色，理應亦考慮接受適合本校教育目標的學生始稱適當（如學校偏向理工或文藝）；如均以同樣的學科考試來作為彼此選擇的標準，則反可能造成假平等的結果。故目前九年一貫教育在多元化的原則上，暫開闢了甄選入學、申請入學及登記分發入學三項入學方式，以改進以聯考分數作為唯一入學條件的傳統方式。但求學到底仍是屬於知識追求的範疇，故國中畢業升學高中（職），又不能完全無視於學生基本知識的準備狀況，故另設標準化的

「基本學力測驗」作為測試學生是否已具進入高中（職）的基本學力認證條件。基本學測的特色有二：(1)代表學習者在特定的時間內經過正常學習所獲得的學習結果表現。故學測的試題一般不會出難題，題目範圍只涵蓋九年學習之後應學得的基本知識內容。(2)通常每年舉辦多次，因為是基本的學力測驗，不須特別做考前準備，故亦可多次報考。惟各次測驗的結果，一定要有共通可資公平比較的「效度」與「信度」，才能合乎基本學測「標準化」的條件。

16.終身學習（lifelong education）

　　教育改革的最終目標應是促成「終身學習社會」的來臨；而九年一貫教育應即是終身教育的起點。終身教育的觀點早在二十世紀之初即有人提出，至近代社會知識與資訊量迅速膨脹，個人的壽命亦日益延長，終身學習的追求乃更成為人人切身需要面對的實際問題。終身教育基本上有三項要義：(1)教育並無固定目的，教育本身就是目的，亦即是教育乃為使人在接受教育之後，更能激發繼續學習教育的興趣。(2)每個人生的任何階段都有受教育的需要與能力。(3)教育並不局限於正規的學校教育。人固然可以隨時回到學校接受不同的正規教育，而更大的教育資源卻是來自現代社會上充斥的各種學習機會。故從九年一貫教育開始，人獲得了基本的知識及正確的學習態度，然後作為個人可以自我實現充分發展的基石，結合各種正規與非正規的教育環境機會，而終能將學習求知作為終身興趣，而打造成就一個充滿活力的終身學習社會。

教育願景 22

解讀九年一貫教育

作　　　者：張凱元

執行編輯：陳文玲

總　編　輯：林敬堯

發　行　人：邱維城

出　版　者：心理出版社股份有限公司

社　　　址：台北市和平東路一段 180 號 7 樓

總　　　機：(02) 23671490

傳　　　真：(02) 23671457

郵　　　撥：19293172

　E-mail　：psychoco@ms15.hinet.net

網　　　址：www.psy.com.tw

駐美代表：Lisa Wu

　Tel　：973 546-5845　　　　　Fax：973 546-7651

登 記 證：局版北市業字第 1372 號

印　刷　者：玖進印刷有限公司

電腦排版：辰皓電腦排版有限公司

初版一刷：2004 年 1 月

ISBN 957-702-649-4

國家圖書館出版品預行編目資料

解讀九年一貫教育 / 張凱元著. ── 初版.──
臺北市：心理，　2004（民 93）
面；　　公分.──（教育願景；22）
參考書目：面
ISBN 957-702-649-4（平裝）

1. 九年一貫課程

523.4　　　　　　　　　　　　　　93000069

讀者意見回函卡

No. _____   填寫日期：　年　月　日

感謝您購買本公司出版品。為提升我們的服務品質，請惠填以下資料寄回本社【或傳真(02)2367-1457】提供我們出書、修訂及辦活動之參考。您將不定期收到本公司最新出版及活動訊息。謝謝您！

姓名：_____　性別：1□男　2□女
職業：1□教師 2□學生 3□上班族 4□家庭主婦 5□自由業 6□其他____
學歷：1□博士 2□碩士 3□大學 4□專科 5□高中 6□國中 7□國中以下
服務單位：_____　部門：_____　職稱：_____
服務地址：_____　電話：_____　傳真：_____
住家地址：_____　電話：_____　傳真：_____
電子郵件地址：_____

書名：_____

一、您認為本書的優點：（可複選）
　❶□內容 ❷□文筆 ❸□校對 ❹□編排 ❺□封面 ❻□其他____

二、您認為本書需再加強的地方：（可複選）
　❶□內容 ❷□文筆 ❸□校對 ❹□編排 ❺□封面 ❻□其他____

三、您購買本書的消息來源：（請單選）
　❶□本公司 ❷□逛書局⇨_____書局 ❸□老師或親友介紹
　❹□書展⇨____書展 ❺□心理心雜誌 ❻□書評 ❼其他_____

四、您希望我們舉辦何種活動：（可複選）
　❶□作者演講 ❷□研習會 ❸□研討會 ❹□書展 ❺□其他____

五、您購買本書的原因：（可複選）
　❶□對主題感興趣 ❷□上課教材⇨課程名稱_____
　❸□舉辦活動　❹□其他_____　　　（請翻頁繼續）

廣　告　回　信
台灣北區郵政管理局登記證
北 台 字 第 8133 號
（免貼郵票）

 心理出版社 股份有限公司

台北市 106 和平東路一段 180 號 7 樓

TEL: (02)2367-1490
FAX: (02)2367-1457
EMAIL:psychoco@ms15.hinet.net

沿線對折訂好後寄回

六、您希望我們多出版何種類型的書籍

❶□心理 ❷□輔導 ❸□教育 ❹□社工 ❺□測驗 ❻□其他

七、如果您是老師，是否有撰寫教科書的計劃：□有□無

　書名／課程：＿＿＿＿＿＿＿＿＿＿＿＿＿＿＿＿＿＿＿

八、您教授／修習的課程：

上學期：＿＿＿＿＿＿＿＿＿＿＿＿＿＿＿＿＿＿＿

下學期：＿＿＿＿＿＿＿＿＿＿＿＿＿＿＿＿＿＿＿

進修班：＿＿＿＿＿＿＿＿＿＿＿＿＿＿＿＿＿＿＿

暑　假：＿＿＿＿＿＿＿＿＿＿＿＿＿＿＿＿＿＿＿

寒　假：＿＿＿＿＿＿＿＿＿＿＿＿＿＿＿＿＿＿＿

學分班：＿＿＿＿＿＿＿＿＿＿＿＿＿＿＿＿＿＿＿

九、您的其他意見

＿＿＿＿＿＿＿＿＿＿＿＿＿＿＿＿＿＿＿＿＿＿＿＿＿＿

謝謝您的指教！